JN110403

英会話
言わなきゃよかった
この単語

デイビッド・セイン

青春新書
INTELLIGENCE

Introduction

「メールが来ているか確認した」と言う時、あなたならどう言いますか？　次の①②から選んでください。

① I checked the mail.
② I checked my mail.

①と②の違いは何か、わかりますか？

違いはたった1単語、**the** と **my** が異なるだけです。
「その程度なら、どっちの単語でもいいんじゃない？」と思うかもしれませんが、いえいえ、たった1単語違うだけで、ネイティブが聞くとまったく異なる意味に取る可能性があります。
「メールが来ているか確認した」になるのは、②の **I checked my mail.** です。

では、①はどんな意味に取るでしょう？
正解は「メールを校正した」。

check には「確認する」の他に、「照合する、校正する」という意味もあります。
そのため **I checked the mail.** だと「私はそのメールをチェックした」、つまり「メールを校正した」という意味に取られる可能性があるのです。

一方、目的語を **my mail** とすれば「自分のメールをチェックした」、つまり「メール（が来ているか）を確認した」と意図した通りの意味になります。

　そう、**the** と **my** のたった1単語が違うだけでも、英語では意味が大きく変わります。

　他にも **it** と **that**、**one** と **once** など、ちょっとした言い間違いで誤解されてしまう表現を集めたのが本書です。

　ただ面白いだけでなく、読み進めるだけで英語の勉強になるよう、動詞、名詞、前置詞といったジャンル別に紹介しているので、1冊読み終わった頃には、文法力も身についているはず。

　各章の内容をざっと説明すると…

1章　言わなきゃよかったこの単語

　私が過去に出会った、たくさんの「1単語違うだけで想定外の意味になってしまう文」から厳選したものです。文法に関係なく、とにかくキケンな間違いを紹介しました。

2章　「動詞ちがい」で意味がこんなに変わる！

　do と **did**、また **going** と **to go** の違いでどれだけ意味が変わるのか、問題を解きながら驚いてください。

3章　意外にキケンな「名詞」の勘違い

　painting と **picture**、**night game** と **nighter** の使い分け、ご存知ですか？

　単数形か複数形かでも意味は変わりますし、そもそもあなたが使っているカタカナの単語は、英語として通じない和製英語の可能性もあります。名詞を間違えるとどうなるか、爆笑ものの例文

とともにご説明します。

4章 「前置詞くらい」で大惨事!

「タクシーに乗ったよ」と言うなら、I rode in/on the taxi. さぁ、in と on のどちらを選ぶでしょう? 言い間違えると大惨事が起こるかもしれません。

5章 「助動詞」は知らずに使うと超キケン!

can と could、will と would の違いって、ご存知ですか? 助動詞の過去形って、実はトラップだらけなんです。他に主語、目的語の使い分けもご紹介します。

6章 「トリッキーな表現」に要注意!

最後は ASAP と soon、it と that など、ちょっとトリッキーなものばかりを集めました。こんな使い分けまでできるようになれば、あなたの英語力はネイティブ・レベルです!

* * *

英語を「勉強しなきゃ」と思うと面倒ですが、クイズ感覚で読めれば楽しめますよね。

本書はすべてのページがクイズになっています。楽しみながら読んでみてください。

何はともあれ、まずは英語を楽しんで話すことが大事!

英語が身近なものになるお手伝いができれば幸いです。

デイビッド・セイン

Contents

本文デザイン　大下賢一郎

1章

言わなきゃよかったこの単語

──「キケンな間違い」を押さえよう

it と that ①

「どういたしまして(お安い御用です)」と言おうとして

That's nothing. だと

「そんなの、たいしたことないね」に!

✅ 正しくは

It's nothing.

👆 ポイント

nothing には「何でもない」だけでなく、「つまらないもの」という
ネガティブな意味もあります。そのため人からお礼を言われて
That's nothing. と返すと、「そんなの、たいしたことないね」と
失礼な一言になってしまいます。

📝 例文・和訳

A: **Thanks for your help.**
(手伝ってくれてありがとう)
B: **It's nothing.**
(どういたしまして)

it と that ②

「**それは食べたことがある**」と言おうとして

I've had **it**. だと

「もううんざりだ」に！

正しくは

I've had **that**.

👍 ポイント

「食べる」というと eat を思い浮かべるかもしれませんが、会話などでは、カジュアルな表現の have を使うのが一般的。しかし have had it だと「うんざりする」という慣用句になってしまうので、「それは食べたことがある」なら I've had that. と表現しましょう。

🎤 例文・和訳

A: **How about the creamy pasta?**
（クリームパスタはどう?）
B: **I've had that.**
（それは食べたことがあるよ）

that は、いる？

「**そうだよね**」と言おうとして

I know **that.** だと

「**そんなの（言われなくても）知ってる**」に！

 正しくは

I know.

 ポイント

相手に同意して、「そうだよね（その気持ちわかるよ）」のつもりで
I know that. と口にするとネイティブには「それ、知ってるから」→
「そんなの（言われなくても）知ってる」などという、失礼な一言に
聞こえてしまいます。単に「そうだよね」と相づちを打つなら、
I know. だけで ○K です。

━━━ 例文・和訳 ━━━

A: **Math is difficult.**
　（数学は難しい）
B: **I know.**
　（そうだよね）

by と until

「8時までに食事をしたいんですが」と言おうとして

I'd like to eat **until** 8:00. だと

「8時まで食べ続けたいんですが」に！

✅正しくは

I'd like to eat **by** 8:00.

👆ポイント

「…まで」と聞くと、すぐ日本人は until を思い浮かべるようです。しかし until は「その時までずっと同じ動作や状態が続いていること」を表すため、I'd like to eat until 8:00. だと「8時までずっと食べ続けたいんですが」に。期限や締切の「…まで」は、by です。

🔊例文・和訳

A: **I'd like to eat by 8:00.**
（8時までに食事をしたいんですが）
B: **No problem.**
（大丈夫です）

be と keep

「**お静かに！**」と言おうとして

Keep quiet! だと

「**誰にも言うな！**」に！

✅正しくは

Be quiet!

👆ポイント

図書館などで、周囲に迷惑をかけないよう「お静かに！」と声をかける時に使うのは、**Be quiet!** です。**Be** と **Keep** を間違えると、「（秘密などを）黙っておく」→「誰にも言うな！」という脅迫めいた声かけになるので要注意です。

🖊例文・和訳

A: **Be quiet!**
（お静かに！）
B: **Oh, sorry.**
（ああ、すみません）

know と see

「その気持ち、わかるよ」と言おうとして

I **see** what you mean. だと

「なるほどね」に！

I **know** what you mean.

👆 ポイント

see と know の両方とも「わかる」という意味で使われますが、see が「物事を理解した瞬間」に使うのに対し、know は「すでに物事を知っている状態」を表します。そのため相手の気持ちを聞き「その気持ち、わかるよ」と言うなら know を、はじめて納得がいき「なるほどね」と相づちを打つなら see です。

🔊 例文・和訳

A: I feel like I have to say something to him.
（彼にひとこと言わないと気がすまない）
B: I know what you mean.
（その気持ち、わかるよ）

the と your

「言いたいこと(要点)は何?」と言おうとして

What's **the** point? だと

「**やっても無駄だよ**」に!

✅正しくは

What's **your** point?

👆ポイント

相手が言いたいことを聞く場合「あなたの(話の)要点は何?」と解釈し、**What's your point?** が正解。これを **What's the point?** と言ってしまうと「それはどういう意味?」→「それに何の意味があるの?」→「やっても無駄だよ」などという挑発的なニュアンスになってしまいます。

🎤例文・和訳

A: So, anyway, um ...
   (とにかく、えっと…)
B: What's your point?
   (言いたいことは何?)

miss と missed

「きみと行き違いになった」と言おうとして

I **miss** you. だと

「きみが恋しい」に！

✅正しくは

I **missed** you.

ポイント

miss には「…がいなくて寂しく思う、…が恋しい」だけでなく、「行き違いになる」という意味もあります。そのため、I missed you. は「行き違いになった」と「きみが恋しかった」の2つの意味になりますが、いきなり I miss you. と言うと「きみが恋しい」と取られる可能性が大。誤解を招かぬようにしましょう！

例文・和訳

A: **Where are you?**
（どこにいるの?）
B: **Sorry, I missed you.**
（ごめん、きみと行き違いになった）

015

job と work

「それは私の仕事じゃない」と言おうとして

It's not my **work**. だと

「それは私の作品ではない」に！

✅正しくは

It's not my **job**.

👆ポイント

job と work には、どちらも「仕事、職業」という意味があります。しかし work は可算名詞の場合「（芸術などの）作品」となるため、It's not my work. だと「それは私の作品ではない」と取られる可能性があります。

🎤例文・和訳

A: **Could you do this?**
（これをやってもらえる？）

B: **It's not my job.**
（それは私の仕事じゃない）

jealous と jealousy

「うらやましいな」と言おうとして

I'm jealousy. だと

「私は嫉妬のかたまりだ」に！

正しくは

I'm jealous.

ポイント

この2単語の違いは、品詞です。jealousy は名詞で「嫉妬、ねたみ」を表す言葉なので、I'm jealousy. だと「私＝嫉妬」なんて意味に取られる可能性があります。「うらやましい」と言うなら、形容詞の jealous を使いましょう。

例文・和訳

A: I got a new TV.
（新しいテレビを買ったよ）
B: I'm jealous!
（うらやましいな！）

it と this

「はい、あなたに」とプレゼントを渡そうとして

It's for you. だと

「あなたあての電話」に！

✅正しくは

This is for you.

👆ポイント

目の前にいる相手にプレゼントを手渡すなら、**This is for you.**
（はい、あなたに）が決まり文句です。それに対し **It's for you.**
だと、「それ、あなたあての」→「あなたあての電話」と電話が来た
ことを伝える際の定番表現になります。

🔊例文・和訳

A: **This is for you.**
（はい、あなたに）
B: **Thank you!**
（ありがとう！）

that's と very

「**面白いね！**」と言おうとして

Very funny! だと

「**ちっとも面白くない**」に！

 正しくは

That's funny!

 ポイント

That's funny! なら「（それは）面白い！」と、何か笑えることが起きた時の反応ですが、**Very funny!** は「大変面白いです！」→「（あ〜あ、本当は）ちっとも面白くない」と反語的に使われた言葉。very は日本語の「大変」に近いやや堅い表現のため、会話などではふつう **really** を使います。あえて **very** を使うことで、嫌味なニュアンスに取られてしまいます。

✏️ 例文・和訳

A: **I thought my shoe was my phone.**
（靴を電話だと思っちゃったんだ）
B: **That's funny!**
（面白いね！）

$1 と one

「**きみに1ドル借りている**」と言おうとして

I owe you **one.** だと

「**ありがとう**」に！

 正しくは

I owe you **$1.**

👍 ポイント
---

owe は「（お金などを）借りている」「（恩義を）負っている」という意味の動詞。そのため I owe you one. は、「あなたに1つ借りがある」→「恩に着るよ」「ありがとう」と、人に感謝する際の決まり文句に。「1ドル借りている」なら、きちんと **$1（one dollar）**と言いましょう。

✏️ 例文・和訳

A: **I owe you $1.**
(きみに1ドル借りてるね)

B: **Don't worry about it.**
(気にしないで)

a second と seconds

「ちょっといいですか？」と言おうとして

Could I have **seconds**? だと

「（ご飯の）おかわりをもらえますか？」に！

✅ 正しくは

Could I have **a second**?

👆 ポイント

second と単数形なら「ちょっとの間、秒」ですが、**seconds** と複数形にすると「（食事の）おかわり」という意味になります。そのため「ちょっといいですか？」のつもりで複数形にすると、「（ご飯の）おかわりをもらえますか？」なんて意味不明な声かけになってしまいます。

✏️ 例文・和訳

A: Could I have a second?
　（ちょっといいですか？）
B: Sure.
　（もちろん）

one と once

「もう一度お願いします」と言おうとして

One more, please. だと

「もう1個お願いします」に！

✓正しくは

Once more, please.

ポイント

once more なら「もう一度」と回数を表しますが、one more だと「もう1つ」と個数を表す追加注文のフレーズになります。おかわりをお願いするなら One more, please. で ○K ですが、何かをもう一度やってほしいと頼むなら、**Once more, please.** です！

例文・和訳

A: That's all for the explanation.
 （説明は以上です）
B: Once more, please.
 （もう一度お願いします）

handouts と prints

「**プリントを配ります**」と言おうとして

I'm going to pass around some **prints**.
だと

「**版画を配ります**」に！

✅正しくは

I'm going to pass around some **handouts**.

👆 ポイント

テストなどの印刷物を「プリント」と呼びますが、英語の print は「版画、印刷」です。英語では「手渡すもの」というイメージから、handout と表現しましょう！

🎤 例文・和訳

A: I'm going to pass around some handouts.
（プリントを配ります）

B: I'll help you.
（手伝いますよ）

marker と magic

「**マジック持ってる?**」と言おうとして

Do you have a **magic** pen? だと

「**魔法のペン持ってる?**」に!

✅正しくは

Do you have a **marker** pen?

👆 ポイント

プラスチックなどにペンで字を書く際に使うペンを、日本では「マジック(ペン)」と呼びます。しかし、これをそのまま magic pen と英語で言ってしまうと「魔法のペン」なんて意味になってしまいます。正しくは marker pen、もしくは magic marker です。

✏️ 例文・和訳

A: **Do you have a marker pen?**
  (マジック持ってる?)
B: **Here you are.**
  (はい、どうぞ)

desk は、いる？

「**フロントで待ち合わせしよう**」と言おうとして

Let's meet at the front. だと

「**（ホテルの）前で待ち合わせよう**」に！

Let's meet at the front **desk**.

👆 ポイント

外国人と待ち合わせする際、よくやってしまう言い間違いです。
ホテルの受付などがあるフロントは、**front** ではなく **front desk**。
front と伝えると「（建物などの）正面、前面」になるため、相手は
ホテルの正面で待っているはず。カタカナの「フロント」は和製英
語ですから、ネイティブには通じません。

🎤 例文・和訳

A: Let's meet at the front desk.
　（フロントで待ち合わせしよう）

B: See you there.
　（じゃあ、そこで）

my と the

「メール（が来ているか）を確認した」と言おうとして

I checked **the** mail. だと

「メールを校正した」に！

✅ 正しくは

I checked **my** mail.

👆 ポイント

check には「確認する」の他に、「照合する、校正する」という意味もあります。そのため I checked the mail. だと「私はそのメールをチェックした」、つまり「メールを校正した」という意味に。一方、目的語を my mail とすれば「自分のメールをチェックした」つまり「メール（が来ているか）を確認した」という意味になります。

📖 例文・和訳

A: I checked my mail.
（メールを確認したよ）
B: Anything?
（何か来てた？）

signature と sign

「**サインもらえますか？**」と言おうとして

Could I have your **sign**?　だと

「**星座を教えてもらえますか？**」に！

✅正しくは

Could I have your **signature**?

👍 ポイント

英語の **sign** は動詞の場合「サインする」ですが、名詞だと「サイン」ではなく「星座、象徴」という意味に。「（書類などへの）署名、サイン」の場合、**signature** を使います。ちなみに、有名人からサインをもらう時は **autograph** を使い、**Could I have your autograph?** となります。「何用のサインか」で使い分けましょう。

🔊 例文・和訳

A: **Could I have your signature?**
　（サインをもらえますか？）
B: **Of course.**
　（もちろん）

shoe cream と a cream puff

「**シュークリーム食べたんだ**」と言おうとして

I ate **shoe cream.** だと

「**靴のクリーム食べたんだ**」に！

✅ **正しくは**

I ate **a cream puff.**

👆 ポイント

「シュークリーム」はフランス語の **chou à la crème** が語源のため、英語として使っても通じません。**shoe** は「靴」、**cream** は「クリーム」のため、**I ate shoe cream.** なんて人に言ったら「靴のクリーム食べたの？」とギョッとされるでしょう。英語では、**cream puff** が正解です。

🎙 例文・和訳

A: **What did you eat during your break?**
   （休憩中に何を食べたの？）
B: **I ate a cream puff.**
   （シュークリームを食べたよ）

am と have

「**頭痛がする**」と言おうとして

I'm a headache. だと

「**私はやっかい者だ**」に！

 正しくは

I **have** a headache.

 ポイント

実は **headache** には、「頭痛」だけでなく「頭痛の種になるもの、やっかい者」という意味も。そのため **I'm ...**（私は…です）のあとに **a headache** を続けると、「私はやっかい者だ」などと自らを卑下することに。病気などの症状を伝える時は、**have** を使いましょう。

 例文・和訳

A: I have a headache.
（頭痛がする）
B: Do you want some medicine?
（薬はほしい?）

spell と spelling

「**スペルは？**」と言おうとして

What's the **spell**? だと

「**呪文は何？**」に！

✅正しくは

What's the **spelling**?

👆 ポイント

「文字の綴り」のことを、日本語では「スペル」といいます。しかし英語の **spell** は、動詞の場合「…を綴る」ですが、名詞だと「呪文、魔力」なんて意味に。「綴り」を表す正しい英語は **spelling** ですから注意しましょう。

🔉 例文・和訳

A: **What's the spelling?**
　（スペルは？）
B: **O-N-I-G-I-R-I.**
　（「おにぎり」です）

drinking と a drink

「飲みに行かない？」と言おうとして

How about **drinking**? だと

「飲酒はどうですか？　やってますか？」に！

How about **a drink**?

ポイント

How about ... ? は「…はどうですか？」と相手に意見を求めたり、提案したりする時の決まり文句。そのため、**about** のあとだからといって動詞の **ing** 形を続けると、「飲酒はどうですか？　やってますか？」などと受け取られてしまいます。「一杯飲みに行かない？」と誘うなら、「ドリンク1杯」を表す **a drink** を使いましょう。

例文・和訳

A: How about a drink?
（飲みに行かない？）

B: Sounds good!
（いいね！）

to は、いる？

「**注文お願いします**」と言おうとして

I want order. だと

「**静粛に**」に！

 正しくは

I want **to** order.

 ポイント

名詞の **order** には「秩序、順序」という意味があるため、**I want order.** と言えば、法廷などで使う「静粛に」。動詞の **order** なら「…を注文する」という意味になるので、お店などで注文する時は **I want to order.** と〈**to** 不定詞＋動詞〉の形で使いましょう。

例文・和訳

A: **I want to order.**
（注文お願いします）

B: **Go ahead.**
（どうぞ）

in は、いる？

「**お困りですか？**」と言おうとして

Are you trouble? だと

「**あなた、やっかい者なの？**」に！

 正しくは

Are you **in** trouble?

—— ポイント ——

「…ですか？」と相手の状態をたずねる時、日本人はつい〈**Are you** ＋1単語？〉を使いがち。しかし名詞の **trouble** には「やっかい者」という意味があるため、**Are you trouble?** だと「あなた、やっかい者なの？」なんて失礼な一言になってしまいます。相手が困っているかを確認するなら、**Are you in trouble?** です。

—— 例文・和訳 ——

A: **Are you in trouble?**
　　（お困りですか？）
B: **Yeah, I think so.**
　　（ええ、そうなんです）

about は、いる？

「あなたのことは存じませんが」と言おうとして

I don't know **about** you. だと

「あなたは変な人ですね」に！

 正しくは

I don't know you.

👆 ポイント

I don't know you. なら「私はあなたのことを知らない」ですが、
I don't know about you. と about を入れると、私は「あなた
のことがわからない」→「あなたが理解できない」→「あなたは変な
人ですね」と、相手を理解不能な変人扱いすることになります。

🎙 例文・和訳

A: **Oh, hi!**
  （ああ、こんにちは！）
B: **Sorry, have we met before? I don't know you.**
  （すみません、以前お会いしましたか？　あなたのことは存じませんが）

looking と watching

お店で「**ちょっと見ているだけです**」と言おうとして

I'm just **watching**. だと

「**ちょっと観察しているだけです**」に！

I'm just **looking.**

look と watch はどちらも「見る」という意味の動詞ですが、look は「視線を向けて意識的に見る」のに対し、watch は「動いているものを注意深く見る」。そのため、「ただ見ている」だけなら look を、「観察する」なら watch を使います。

例文・和訳

A: Can I help you?
(何かお探しですか？)
B: I'm just looking.
(ちょっと見ているだけです)

another と the other

「もう1杯ほしいな」と言おうとして

I want **the other** one. だと

「もう1つ違うのがほしいな」に！

 正しくは

I want **another** one.

 ポイント

いずれも「他の」という意味を持つ語ですが、ニュアンス的には **another** が「（同じものを）もう1つ」であるのに対し、**the other** は「他のもの、別のもの」です。そのため「おかわり（同じものをもう1つ）」なら **the other** ではなく、**another** になります。

📝 例文・和訳

A: I want another one.
   （もう1杯ほしいな）
B: I'll make it for you.
   （ご用意しますね）

big と large

「彼はうぬぼれてんだよ」と言おうとして

He has a **large** head. だと

「彼の頭は大きい」に！

✅ 正しくは

He has a **big** head.

---

big と large には「大きい」の意味があります。しかし big には「偉そうな」という意味もあるため、**a big head** なら「うぬぼれの強い人」に。一方、**a large head** なら、単に「大きな頭」となります。

🖊 例文・和訳

A: **Why are you angry at Bob?**
 （なぜボブに怒っているの？）
B: **He has a big head.**
 （彼はうぬぼれてんだよ）

high と tall

「背の高さはどれくらい？」と言おうとして

How **high** are you? だと

「どれくらいハイになってる？」に！

✅正しくは

How **tall** are you?

👆ポイント

high と tall の違いは、tall が主に「下から上までの高さ」を表す
のに対し、high は「位置的な高さ」を表す点にあります。そのため、
足元から頭のてっぺんまでの背の高さをたずねるなら tall です。
一方、high には「上機嫌で、ハイになって」という意味もあるので、
言い間違えると、とんだ誤解を与える可能性があります。

🖊例文・和訳

A: **How tall are you?**
 (背の高さはどれくらい？)
B: **150 cm.**
 (150cm です)

after と later

「今月後半なら都合がいいよ」と言おうとして

After this month would be better. だと

「**今月が終わってからが都合がいいよ**」に！

正しくは

Later this month would be better.

ポイント

どちらも「後」を表しますが、**after** が「…が終わった後」であるのに対し、**later** は「…の後半」です。そのため **later this month** なら「今月後半」ですが、**after this month** だと「今月が終わってから」と異なる意味になります。

 例文・和訳

A: **How about this weekend?**
（今週末はどう？）
B: **Later this month would be better.**
（今月後半なら都合がいいよ）

quiet と silent

「彼女は平穏な生活を送っています」と言おうとして

She has a **silent** life. だと

「彼女は音のしない生活を送っています」に！

✓正しくは

She has a **quiet** life.

👆ポイント

quiet と silent はどちらも「静かな」という意味で用いられますが、quiet が「余計な動きがない静かさ」であるのに対し、silent は「まったく音がしない無音状態の静かさ」です。そのため quiet life なら「平穏な生活」ですが、silent life だと「無音の生活」になってしまいます。

🖊例文・和訳

A: How is your grandma?
（おばあさんはお元気？）

B: She has a quiet life.
（彼女は平穏な生活を送っています）

after と behind

「誰かに追いかけられている」と言おうとして

Someone is **behind** me. だと

「誰かがうしろにいる」に！

正しくは

Someone is **after** me.

 ポイント

どちらも同じく「うしろ、あと」を表す言葉ですが、**after** が「…の あとに続く」であるのに対し、**behind** は「対象物から見た、場所 的なうしろ」を表します。「追いかけられている」のであれば、「あ とに続く」ニュアンスがある **after** を使いましょう。

例文・和訳

A: **What's wrong?**
（どうした？）
B: **Someone is after me.**
（誰かに追いかけられている）

a と some

「**ケーキを食べたんだ**」と言おうとして

I ate **a** cake. だと

「**私はケーキを丸ごと全部食べた**」に！

✅正しくは

I ate **some** cake.

👆 ポイント

そもそも cake は「ホールケーキ（切り分けていない丸い状態の
ケーキ）」を表すため、**a cake**だと「丸い状態のホールケーキ1個」
に。「カットしたケーキをいくらか」なら、**some cake** としましょう。
ちなみに「1切れのケーキ」と明確に言うなら、**I ate a piece of
cake.** です。

📝 例文・和訳

A: **What did you have?**
（何を食べたの？）
B: **I ate some cake.**
（ケーキを食べたんだ）

a は、いる？ ①

「**彼女はやる気があるね**」と言おうとして

She has **a** will. だと

「**彼女は遺書を持っている**」に！

She has will.

 ポイント

実は、will は冠詞をつけない不可算名詞だと「意志」、冠詞をつける可算名詞だと「遺書」という意味になります。そのため **She has will.** なら「意志がある」→「やる気がある」、しかし **She has a will.** だと「彼女は遺書を持っている」。a のある・なしで大違いです！

 例文・和訳

A: **What do you think about Mary?**
（メアリーについてどう思う？）
B: **She has will.**
（彼女はやる気があるね）

a は、いる？ ②

機内食で「**チキンをお願いします**」と言おうとして

I'd like **a** chicken. だと

「1 羽のニワトリをお願いします」に！

✅ 正しくは

I'd like chicken.

👆 ポイント

機内食でチキンとビーフのどちらにするかを聞かれて、**I'd like a chicken.** と答えると「1 羽のニワトリをお願いします」に。**a chicken** は不定冠詞の **a** があるので「1 羽のニワトリ」ですが、**a** をつけずに **chicken** だけなら「（食肉の）チキン」となります。「食肉の場合、冠詞は不要」と覚えておきましょう！

✏️ 例文・和訳

A: **Would you like chicken or beef?**
（チキン、それともビーフになさいますか？）
B: **I'd like chicken.**
（チキンをお願いします）

a は、いる？③

「ハンバーガーをお願いします」と言おうとして

I'd like hamburger. だと

「ハンバーグをお願いします」に！

正しくは

I'd like **a** hamburger.

ポイント

日本語では「ハンバーグ」と「ハンバーガー」は字が違いますが、英語だと両方とも hamburger で、違いは可算名詞を表す「a がつくか・つかないか」だけ。a がつくと、1個、2個と数えられる「ハンバーガー」に。a がつかない場合、不定形な肉の塊である不可算名詞の「ハンバーグ」となります。

例文・和訳

A: **Have you decided?**
（お決まりですか?）
B: **I'd like a hamburger.**
（ハンバーガーをお願いします）

the は、いる？ ①

「私は英語が嫌いです」と言おうとして

I hate **the** English. だと

「**私はイギリス人が嫌いです**」に！

 正しくは

I hate English.

 ポイント

英語嫌いな人が、いかにも言ってしまいそうな一言です。冠詞が
つかない不可算名詞の English は「英語」ですが、the English
だと「イギリス人」。うっかり the をつけると、イギリス国民を敵に
回してしまいます。

例文・和訳

A: I hate English.
（私は英語が嫌いです）
B: I love it!
（私は大好きよ！）

the は、いる？ ②

「**いま何時かわかりますか？**」と言おうとして

Do you have time? だと

ナンパのフレーズ「**ヒマですか？**」に！

Do you have **the** time?

 ポイント

うっかり時計を忘れ、見知らぬ人に **Do you have time?** なんて聞こうものなら大変！　「時間はありますか？」→「ヒマですか？」というナンパのフレーズになってしまいます。しかし、**the time** なら「現在の時刻」を表すため、「時間がわかる物をお持ちですか？」→「いま何時かわかりますか？」と時間をたずねる際の決まり文句になります。

📝 例文・和訳

A: **Do you have the time?**
　（いま何時かわかりますか？）
B: **Yeah, it's almost 2:00.**
　（はい、もうすぐ2時です）

the は、いる？ ③

「私は日本人です」と言おうとして

I'm **the** Japanese. だと

「私こそが日本人だ」に！

> ✅ 正しくは
>
> ## I'm Japanese.

👆 ポイント

the には、強調的に使って「無類の」「超一流の」といったニュアンスをもたせる用法があります。ただ単に I'm Japanese. と言えばすむものを、あえて（間違えて）the をつけると「私こそが（唯一無二の）日本人だ」などと強調しているように聞こえます。

🔊 例文・和訳

A: **Are you Chinese?**
（あなたは中国人ですか？）

B: **No, I'm Japanese.**
（いいえ、日本人です）

---

the は、いる？ ④

「学校は好き？」と言おうとして

Do you like **the** school? だと

「学校の建物は好き？」に！

✅正しくは

Do you like school?

👍ポイント

the がつかないただの school は、「(学ぶ場所としての機能を持つ) 学校」を表します。一方、定冠詞の the がついた the school は、「(建物としての) 学校」です。そのため「(学ぶ場所としての) 学校は好き？」とたずねるなら、the はいりません。

🖊例文・和訳

A: **Do you like school?**
（学校は好き？）
B: **Sometimes!**
（時々ね！）

「辛(から)い」の形容詞

「辛い」を英語で表現すると、何になるでしょう?

おそらく最も一般的なのは、**hot** です。**hot** は「暑い、熱い」だけでなく、「辛い」も表します。「体が熱くなるような辛さだから **hot**」と覚えるといいでしょう。

しかし **hot** の他に、もう1つよく使われる単語があります。

それは **spicy**(スパイシー)。**spice**(香辛料)の形容詞であることから、「香辛料の利いた、ほどよい辛さ」を表します。

そのため「辛い」というよりは「刺激的な」ニュアンスが強く、**hot** よりも複雑な味わいになります。「**spicy** なカレー」をイメージするといいでしょう。

では、ワインの「辛口」を表す場合、英語では何を使うでしょうか?

正解は、**spicy** または **dry** です。

一般的に、赤ワインの「辛口」は、重みのある複雑な味わいを指すため **spicy** で表現します。

一方、白ワインや日本酒のように、味がキリッと引きしまって辛みを感じる場合、**dry** を用います。そのためお酒のジンなどは、商品名に **Dry Gin** とうたったものも数多くあります。

ワインの辛口を注文する時は、次のように言うといいでしょう。

A: What type of wine do you prefer?
B: We'd like a bottle of "spicy red/dry white" wine.

A: どんなワインがいいですか?
B: 「辛口の赤ワイン/辛口の白ワイン」をお願いします。

2章

「動詞ちがい」で意味がこんなに変わる！

── doとdid、goingとto go など

been と gone

「彼はニューヨークに行ったことがあります」と言おうとして

He's **gone** to NY. だと

「彼は今ニューヨークにいる」に！

✓正しくは

He's **been** to NY.

👆 ポイント

have been to ... が「…に行ったことがある」という経験を表すのに対し、have gone to ... は「…に行ったままだ」、つまり「…に（今も）いる」という結果を表します。経験か結果かで、been かgone かを使い分けましょう。

🖊 例文・和訳

A: **Has Sam ever been overseas?**
　（サムは海外に行ったことはある?）

B: **He's been to NY.**
　（彼はニューヨークに行ったことがあるよ）

coming は、いる？

「どこから（来ているの）？」と言おうとして

Where are you **coming** from? だと

「何を考えてるの？」に！

 正しくは

Where are you from?

 ポイント

「どこから（来ているの）？」という日本語につられ **Where are you coming from?** と言うと、**come from** には「…に由来する」という意味もあるので、「(あなたの発想は)どこから来ているの？」→「何を考えているの？」なんて意味に取られる可能性が。出身地を聞くなら **Where are you from?** です。

例文・和訳

A: **Where are you from?**
（どこから？）
B: **I'm from Mexico.**
（メキシコからです）

say to と tell

「**話したいことがあるんです**」と言おうとして

I have something to **say to** you. だと

「**あなたに言いたいことがあるんです**」に！

✅ 正しくは

I have something to **tell** you.

👆 ポイント

say と tell は、どちらも「話す」という意味の動詞です。しかし tell が「何かを伝達する」であるのに対し、say は「何かを言う」ことに焦点が置かれます。そのため have something to say to ...は「…に言いたいことがある」と、人に何か文句を言う際のフレーズに。単に「話したいことがある」なら、tell を使いましょう。

✏️ 例文・和訳

A: **I have something to tell you.**
  （話したいことがあるんです）
B: **What is it?**
  （どうしたの？）

taught と told

「**彼女は私にホントのことを教えてくれた**」と言おうとして

She **taught** me the truth. だと

「**彼女は私に真実を教えた**」に！

✅正しくは

She **told** me the truth.

👆ポイント

teach と tell は、いずれも「伝える」という意味で使われます。「知識やスキルを教える」時は teach、「単純な情報を伝える」時は tell のため、teach the truth だと「真実を教える」と、何やら宗教的なニュアンスに…。tell the truth なら「ホントのこと（事実）を教える」となります。

✏️例文・和訳

A: **What did Sara say?**
   （サラは何て言ったの？）
B: **She told me the truth.**
   （彼女は私にホントのことを教えてくれたよ）

borrow と lend

「このイスを借りてもいいですか?」と言おうとして

Could I **lend** this chair? だと

「このイスを貸してもいいですか?」に!

 正しくは

Could I **borrow** this chair?

👆 ポイント

「貸す・借りる」は漢字で書くと違いがわかりますが、音で聞くだけだと迷いますよね? 英語の場合「(自分が人から)借りる」時は borrow、「(自分が人に)貸す」時は lend です。borrow と lend の使い分けを苦手とする人が多いようですが、迷う時は、一度頭の中で漢字に置き換えてから英語にするといいでしょう。

✏️ 例文・和訳

A: **Could I borrow this chair?**
  (このイスを借りてもいいですか?)
B: **Go ahead.**
  (どうぞ)

bring と take

友人に「**一緒に犬を連れてきてよ**」と言おうとして

Take your dog with you. だと

「**あなたも犬と一緒に出かけなさい**」に！

✅ 正しくは

Bring your dog with you.

👆 ポイント

bring は「…を持ってくる」と、話し手に寄ってくるイメージですが、take は「…をどこか別の場所へ持って行く」と話し手から遠ざかるイメージです。そのため「連れてきて」と近寄ってもらうなら bring に、「連れて行って」と遠ざけるなら take になります。動詞によりイメージが正反対になるので、要注意です！

✏️ 例文・和訳

A: **Let's go to the park.**
（公園に行こう）

B: **Bring your dog with you.**
（一緒に犬も連れてきてよ）

send と take

「そこまでお連れしますよ」と言おうとして

I'll **send** you there. だと

「あなたをそこに送り込みますよ」に！

✅ 正しくは

I'll **take** you there.

👆 ポイント

send には「（命令などによって人を）派遣する、送り込む」という意味があります。そのため「そこまでお連れしますよ」と言うつもりが、I'll send you there. だと「あなたをそこへ送り込みますよ」なんて怖い意味に。「連れて行く」なら take を使いましょう。

🖊 例文・和訳

A: **Where's the train station.**
　（駅はどちらですか？）
B: **I'll take you there.**
　（そこまでお連れしますよ）

be needed と need

「あなたはこのレポートを提出する必要がある」と言おうとして

You **are needed** to submit this report. だと

「このレポートを提出するのにあなたが必要だ」に!

You **need** to submit this report.

ポイント

「あなたは…する必要がある」と義務を伝える際、受動態を使ってしまう人がいます。しかし **You are needed to ...** だと「あなたは…するのに必要だ」と「必要とされる人」に。**You need to ...** なら「あなたは…する必要がある」となります。

A: You need to submit this report.
   (あなたはこのレポートを提出する必要がある)
B: I'll send it to you by 3:00.
   (3時までに送ります)

going と to go

「階段に気をつけて降りて」と言おうとして

Be careful **to go** down the stairs. だと

「階段を降りるのを忘れないで」に！

✅ 正しくは

Be careful **going** down the stairs.

👆 ポイント

とっさの一言として、覚えておきたいフレーズです。**be careful doing ...** は「気をつけて…する」ですが、**be careful to ...** だと「…するのを（忘れないように）気をつけて」となります。ing 形か to 不定詞かで意味不明なアドバイスになることもあるので、注意しましょう。

✏️ 例文・和訳

A: **This box is heavy!**
（この箱は重い！）
B: **Be careful going down the stairs.**
（階段に気をつけて降りて）

managed と tried

「遅刻せずにすんだよ（定刻に着いたよ）」と言おうとして

I **tried** to get there on time. だと

「時間通りに着くようにしたんだけど（無理だった）」に！

✅正しくは

I **managed** to get there on time.

👆 ポイント

try と manage には、いずれも「何とかする」ニュアンスがあります。
managed to ... なら「（無理かと思ったけれど）何とかやり遂げた」ですが、**tried to ...** は「…しようと一生懸命努力した（けれど、結果的に失敗した）」。結果的に大丈夫だったなら **managed to ...**、ダメだった時は **tried to ...** を使いましょう。

📖 例文・和訳

A: Were you late for the meeting?
（会議に遅れたの？）
B: No, I managed to get there on time.
（いや、遅刻せずにすんだよ）

learned と studied

「**多くを学びました**」と言おうとして

I **studied** a lot. だと

「**たくさんの量を勉強した**」に！

正しくは

I **learned** a lot.

 ポイント

learn も study も、意味は「学ぶ」です。しかし learn が「（勉強や経験を通じて）知識やスキルを身につける」であるのに対し、study は「知識やスキルを努力して学ぶ過程」を表します。そのため I learned a lot. は「たくさんの知識を身につけた」、一方 I studied a lot. は「（過程において）たくさんの量を学んだ」となります。

━━━━ 例文・和訳 ━━━━

A: **That was a fun class.**
（楽しい授業でしたね）

B: **Yeah, I learned a lot.**
（ええ、多くを学びました）

broke と broken

「彼は一文なしだよ」と言おうとして

He's **broken.** だと

「彼は生きる気力を失ってしまった」に！

He's **broke**.

 ポイント

break（壊す、ダメになる）の過去形が broke、過去分詞形が broken ですが、broke は「無一文で」という形容詞でもあります。そのため be broke なら「無一文の、お金がない」、しかし be broken と受動態にすると「ダメになった、やる気を失った」なんて意味になってしまいます。

 例文・和訳

A: **Why don't you borrow money from John?**
　　（ジョンからお金を借りたら？）
B: **He's broke.**
　　（彼は一文なしだよ）

arranged と fixed

「彼が試合のお膳立てをしたんだ」と言おうとして

He **fixed** the game. だと

「彼が試合に八百長を仕組んだんだ」に！

 正しくは

He **arranged** the game.

👆 ポイント

arrange や **fix** は物事に手を加える際に使う動詞です。しかし **arrange** は「お膳立てする」ですが、**fix** は「修正する」のため、**fix a game** は「試合を修正する」→「試合で八百長を仕組む」なんて意味に。ほめようとしたのに間違えて **fix** を使うと、とんだ濡れ衣を着せることになります。

🖊 例文・和訳

A: **Who is that guy?**
（その人は誰？）
B: **John. He arranged the game.**
（ジョンだよ。彼が試合のお膳立てをしたんだ）

looking と staring

ファスナーが開いていたので「**みんながきみをジロジロ見てるよ**」と言おうとして

Everyone is **looking** at you. だと

「きみは注目の的だ」に！

Everyone is **staring** at you.

ポイント

同じ「見る」でも大違い！ **look** は「注意して見る」ですが、**stare** は「凝視する」ニュアンスがあるので、変な目でジロジロ見る時に使うのは **stare** です。うっかり **look** を使ってしまうと、良い意味での「注目の的」と誤解されてしまいます。

A: Hey, your fly is open. Everyone is staring at you.
（おい、ファスナーが開いてるぞ。みんながきみをジロジロ見てるよ）

B: Oops!
（しまった！）

injured と wounded

階段を落ちて「**ケガしちゃったんだ**」と言おうとして

I got **wounded.** だと

「**(戦争やケンカで) 負傷した**」に！

✅正しくは

I got **injured.**

 ポイント

injure と **wound** は、いずれも傷ついた時に使う動詞です。**injure** がケガだけでなく、名声や感情が傷ついた時にも使えるのに対し、**wound** は他から攻撃されて外傷を負った際に用います。そのため **I got wounded.** と言えば、人から攻撃されたと勘違いされます。

 例文・和訳

A: **What happened to your hand?**
(その手はどうしたの？)

B: **I got injured.**
(ケガしちゃったんだ)

answer to と answered

質問に対し「**トムに答えたよ**」と言おうとして

I **answer to** Tom. だと

「**トムは私の上司です**」に！

✅ 正しくは

I **answered** Tom.

 ポイント

answer だけなら「答える」ですが、**answer to ...** だと「（…に対して）責任を負う」という意味になります。そのため **I answer to Tom.** だと「私はトムに対して責任を負う」→「トムは私の上司です」となります。ちなみに **Who do you answer to?** と聞けば、「あなたの上司は誰ですか？」です。

📝 例文・和訳

A: **Tom said he needs an answer from you.**
（トムが、きみからの返事がほしいって言ってたよ）

B: **I answered Tom. I mailed him this morning.**
（トムに答えたよ。今朝、彼にメールした）

067

got と went

「マイクがわがままを言ったんだよ」と言おうとして

Mike **went** his way. だと

「マイクは（辞めて）どこかへ行ったよ」に！

✅正しくは

Mike **got** his way.

👆ポイント

get one's way なら「わがままを言う」ですが、go one's (own) way だと「我が道を行く、自分の好きなようにする」。そのため社内で Mike went his way. と言うと、「マイクは（辞めて）どこかへ行ったよ」という意味に取られる可能性もあります。

🎤例文・和訳

A: **What happened?**
（どうしたの？）

B: **Mike got his way.**
（マイクがわがままを言ったんだよ）

look at と watch

「花火を見よう」と言おうとして

Let's **look at** the fireworks. だと

「花火を注意して見よう」に！

✅正しくは

Let's **watch** the fireworks.

👆ポイント

watch は「（動きや変化のあるものを）意識的に見る」ですが、
look at は「（静止しているものを）注意して見る」です。そのため
「花火（のような動きのあるもの）を見よう」なら watch が最適です。

🖊例文・和訳

A: It's 7:00!
（7時だよ！）
B: Let's watch the fireworks.
（花火を見よう）

you は、いる？ ①

「彼女は（あなたに会えるのを）楽しみにしてるよ」と言おうとして

She's expecting. だと

「彼女は妊娠しています」に！

✅ 正しくは

She's expecting **you**.

👆 ポイント

expect は他動詞として目的語を取る場合「…を楽しみに待つ、…に期待する」ですが、目的語なしで現在進行形にすると「妊娠している」という意味に。「楽しみにしてるよ」のつもりで、うっかり **She's expecting.** なんて言ったら、大変なことになります。

✒️ 例文・和訳

A: Sorry, I'm late for my meeting with Mary.
（ごめん、メアリーとの打ち合わせに遅れる）
B: It's okay. She's expecting you.
（大丈夫。彼女は楽しみにしてるよ）

you は、いる？ ②

「気にしないで」と言おうとして

You never mind. だと

「あなたは、聞く耳を持たない人だ」に！

✅正しくは

Never mind.

👍ポイント

英語は基本的に、主語が必要な言葉です。しかしうっかり、**Never mind.**（気にしないで）という命令形にまで **You** をつけてしまうと、「あなたは絶対に気にしない」→「あなたは聞く耳を持たない人だ」なんて失礼な一言になってしまうので、注意しましょう。

🔊例文・和訳

A: **What did you say?**
（何て言ったの？）
B: **Never mind.**
（気にしないで）

do と be doing

「何やってるの？」と言おうとして

What **do** you **do**? だと

「お仕事は何？」に！

✅ 正しくは

What **are** you **doing**?

👆 ポイント

まさに今、相手がやっている行動をたずねるなら **What are you doing?** と現在進行形を使います。しかしそれを **What do you do?** と現在形にすると、「あなたは今、何をしていますか？」→「ふだんしていることは何ですか？」→「お仕事は何ですか？」と職業を聞く決まり文句になるので要注意です！

✏️ 例文・和訳

A: **What are you doing?**
　(何やってるの？)
B: **Nothing. What about you?**
　(何も。きみは？)

072

did と do ①

「何て言ったの？」と言おうとして

What **do** you say? だと

「あなたはどう？」に！

✅正しくは

What **did** you say?

👆 ポイント

相手の発言を聞き返すなら、単純に **What did you say?** と過去形にすれば ○K。しかし **say** には「意見を述べる」という意味もあるため、**What do you say?** だと「あなたはどう（いう意見）？」と、相手の考えを聞く際の表現になってしまいます。

✏️ 例文・和訳

A: I'm hungry again.
（またお腹が空いちゃった）

B: What? What did you say?
（え？　何て言ったの？）

did と do ②

「**わかった?**」と言おうとして

Did you get it? だと

「**それ受け取った?**」に!

✅ 正しくは

Do you get it?

👆 ポイント

理解できたかを確認する際、日本語では「わかった?」と言います
が、これは過去のことを聞いているのではありません。「(今)わかっ
ているか?」ですから、現在形で **get it**(わかる)のフレーズを使う
のが正解。**Did you ...?** と過去形にすると、**get** には「受け取る」
の意味もあるため、「それ受け取った?」と異なる意味に取られる
可能性があります。

🖊 例文・和訳

A: **Do you get it?**
(わかった?)
B: **I'm still confused.**
(まだ混乱してるよ)

did と had

「手術をしたんです」と言おうとして

I **did** an operation. だと

「私が手術を担当しました」に！

I **had** an operation.

――― ポイント ―――

「手術 = an operation」＋「した = did」で did an operation
と表現したいところですが、do an operation は「（医者が）手
術を行う」。「（患者が）手術を受ける」は、have に「経験する」の
意味があるので、have an operation です。

―――🖊 例文・和訳 ―――

A: Why were you absent?
（なぜ欠席したのですか？）
B: I had an operation.
（手術をしたんです）

do と don't

「それの使い方、知らない？（知ってたら教えて）」と言おうとして

Don't you know how to use it? だと

「それの使い方もわからないの？」に！

Do you know how to use it?

 ポイント

「…を知ら<u>ない</u>？」の「…<u>ない</u>？」にひかれて、**Don't you know
...?** と言ってしまったら大変。「…も知らないの？」と相手をバカに
するフレーズになってしまいます。知っているかどうかを聞くなら、
シンプルに **Do you know ...?** です。

例文・和訳

A: **Do you know how to use it?**
  （それの使い方、知らない？）
B: **Yes, I think so.**
  （ああ、わかると思うよ）

didn't と don't

「**あれは買わなかったよ**」と言おうとして

I **don't** buy that. だと

「**そんな話は信じられない**」に!

 正しくは

I **didn't** buy that.

 ポイント

buy には「買う」だけでなく、「(話を本当と)信じる」という意味もあります。そのため I don't buy that. と現在形で使うと、「そんな話は信じられない」と解釈される可能性も。I didn't buy that. なら、「あれは買わなかったよ」となります。

例文・和訳

A: Who bought this blue umbrella? You?
　(この青い傘を買ったのは誰?　きみ?)
B: I didn't buy that.
　(あれは買わなかったよ)

being は、いる？

「**真面目に言って（やって）ないね**」と言おうとして

You're not serious?! だと

「**え、すごい！**」に！

✓ 正しくは

You're not **being** serious.

👆 ポイント

You're not serious?! の直訳は「きみは真面目ではない」ですが、
転じて「本気じゃないでしょ？」→「うそでしょ？」「すごい！」と、
ちょっとバカにした表現に。「真面目にやる」は be serious なの
で、それに **not** をプラスすれば「真面目に言って（やって）ないね」
と怒ったニュアンスになります。

🎤 例文・和訳

A: I'm going to move to France and buy a castle.
（フランスに引っ越して、城を買うんだ）
B: You're not being serious.
（真面目に言ってないね）

3章

意外にキケンな「名詞」の勘違い
── 「a のある・なし」で怒らせる?!

condition と health

「**体調はどう?**」と言おうとして

How's your **condition?** だと

「病気の具合はどう?」に!

✅ 正しくは

How's your **health?**

👆 ポイント

日本語では「体調はどう?」と同じ意味合いで「コンディションはどう?」と言う人もいますが、condition には「調子、状態」の他に「病気」という意味もあります。そのため How's your condition? だと、「病気の具合はどう?」なんて意味に。体調をたずねるなら health を使いましょう。

🎤 例文・和訳

A: **How's your health?**
   (体調はどう?)
B: **I feel it's a bit better since I've quit smoking.**
   (タバコをやめてから少しはいい感じだよ)

background と race

「**どこの国の方ですか?**」と言おうとして

What's your **race**? だと

「**あなたの人種は?**」に!

✔ 正しくは

What's your **background**?

👆 ポイント

日本人はつい「国籍＝人種」と考えてしまいますが、アメリカのような人種のるつぼでは、イコールではありません。そのため「どこの国の人か＝生い立ち、経歴」をやんわりと聞くなら、**background** がおすすめ。一方 race は「人種」を意味する言葉のため、**What's your race?** は差別につながる失礼な質問になります。

🎙 例文・和訳

A: **What's your background?**
　（どこの国の方ですか?）

B: **I'm half American and half Mexican.**
　（アメリカ人とメキシコ人のハーフです）

enough と plenty

「それで十分です」と言おうとして

That's **enough**. だと

「もうたくさんだ（いい加減にしろ）」に！

✅ 正しくは

That's **plenty**.

 ポイント

enough も plenty も、十分な数量を表す言葉です。しかしニュアンス的に enough が「不足のない」であるのに対し、plenty は「必要以上にある」。そのため「（必要以上にあるので）それで十分です」と断るなら That's plenty. を、「（不足はないので）もうたくさんだ」または否定的に「いい加減にしろ」と言うなら That's enough. です。

📝 例文・和訳

A: **How much do you want?**
（どれくらいいりますか？）
B: **That's plenty.**
（それで十分です）

fault と mistakes

「彼女はよくミスに気づくんだよ」と言おうとして

She always finds **fault**. だと

「彼女はよくあら探しをするんだよ」に！

正しくは

She always finds **mistakes**.

ポイント

mistake は「判断や行動の誤り、間違い」、それに対し fault は「欠点、欠陥」を意味します。そのため find mistakes なら「間違いを見つける」ですが、find fault だと「欠点を見つける」→「あら探しをする」なんて意味になってしまいます。

例文・和訳

A: **Good eye!**
(目がいいですね！)
B: **She always finds mistakes.**
(彼女はよくミスに気づくんだよ)

work と works

「**仕事がたくさんあるんだ**」と言おうとして

I have a lot of **works.** だと

「**たくさん作品を持っているんだ**」に！

⊘**正しくは**

I have a lot of **work.**

👆 **ポイント**

work を「仕事」の意味で使う時は不可算名詞なので、複数形にはなりません。しかし「作品」の意味で使う時は、可算名詞です。そのため **a lot of works** だと「たくさんの作品」、**a lot of work** なら「たくさんの仕事」です。

✏️ **例文・和訳**

A: **Are you free tonight?**
（今夜空いてる？）

B: **I have a lot of work.**
（仕事がたくさんあるんだ）

French fries と fried potatoes

「フライドポテトのLをお願いします」と言おうとして

I'd like a large order of **fried potatoes.** だと

「大きな揚げたジャガイモをお願いします」に！

正しくは

I'd like a large order of **French fries.**

ポイント

実は、「フライドポテト」は和製英語。fried potatoes と言うとアメリカ人は、「ジャガイモをまるごと揚げたもの」を想像するでしょう。一般的な細切りのフライドポテトは、アメリカでは French fries と言います。

例文・和訳

A: **What would you like?**
（何になさいますか？）
B: **I'd like a large order of French fries.**
（フライドポテトの L をお願いします）

feeling と feelings

「彼女は人の気持ちがわからないんだ」と言おうとして

She has no **feeling**. だと

「彼女は感覚を失っている」に！

✅ 正しくは

She has no **feelings**.

👆 ポイント

feeling を「感覚、知覚」という意味で使うのは、複数形にならない不可算名詞の時。喜怒哀楽などのさまざまな「感情」を表現する時は、**feelings** と複数形にしましょう。

✏️ 例文・和訳

A: **She has no feelings.**
（彼女は人の気持ちがわからないんだ）

B: **It seems that way.**
（そうみたいだね）

feeling と mind

「**考えを変えたんだ**」と言おうとして

I changed my **feeling**. だと

「**気分転換したんだ**」に！

✅正しくは

I changed my **mind**.

👍 ポイント

feeling と mind は、どちらも「感情」を表す言葉ですが、mind が「頭の中の考え」を表すのに対し、feeling は「感覚的な気持ち」です。そのため change one's feeling なら「気分転換する」、change one's mind だと「考えを変える」。方向性を変える時は、mind です！

🖊 例文・和訳

A: I thought you wanted pasta.
(パスタが食べたいんだと思ってた)
B: I changed my mind.
(考えを変えたんだ)

idea と ideas

「意見はありません」と言おうとして

I have no **idea.** だと

「わかりません」に！

正しくは

I have no **ideas.**

👆 ポイント
---

idea は可算名詞だと「アイデア、意見」ですが、不可算名詞だと「理解、認識」です。そのため I have no idea. だと「理解していない」→「わからない」に。「意見はありません」なら、I have no ideas. と複数形にしましょう。

📝 例文・和訳

A: How can we improve our sales?
  （どうやったら売り上げを伸ばせる？）
B: Sorry, I have no ideas.
  （すみません、意見はありません）

| 088 |

glass と glasses

「メガネをなくした」と言おうとして

I lost my **glass.** だと

「コップをなくした」に！

 正しくは

I lost my **glasses.**

👆 ポイント

英語は名詞の数に非常に敏感です。コップ（グラス）の基本形は **glass** ですが、メガネの場合レンズが2つなので **glasses** と複数形で使います。そのため I lost my glasses. なら「メガネをなくした」ですが、I lost my glass. だと「コップをなくした」と誤解されます。

✏️ 例文・和訳

A: **I lost my glasses.**
　（メガネをなくしちゃった）
B: **Oh, no!**
　（ええ、そんな！）

contact と contacts

「彼に連絡したよ」と言おうとして

I made **contacts** with him. だと

「**彼と一緒にコンタクトレンズを作った**」に！

✅正しくは

I made **contact** with him.

👆ポイント

contact は単数形なら「連絡、接触」ですが、複数形だと「コンタクトレンズ」に。そのため **make contact with ...** なら「…と連絡を取る」ですが、**make contacts with ...** とうっかり複数形にすると「…とコンタクトレンズを作る」なんて意味になってしまいます。

🎤例文・和訳

A: **I made contact with him.**
（彼に連絡したよ）

B: **Where is he?**
（彼はどこにいるの？）

lunch と lunchbox

「**弁当をなくした**」と言おうとして

I lost my **lunch**. だと

「**吐いちゃった**」に！

正しくは

I lost my **lunchbox**.

👆 **ポイント**

「昼食」なら lunch、「弁当（箱）」は lunchbox です。「なくす」は
動詞の lose を使いますが、lose には「無駄にする」という意味も
あることから、lose one's lunch で「昼食を吐く・嘔吐する」。
お昼のお弁当をどこかに置き忘れて、うっかり I lost my lunch.
と言ったら、周りの人に心配されます。

🎤 **例文・和訳**

A: **I lost my lunchbox.**
　（弁当をなくしちゃった）
B: **You can have some of my lunch.**
　（私のランチを少し食べていいよ）

my shirt と
one of my shirts

「シャツをなくしちゃった」と言おうとして

I lost **my shirt**. だと

「**無一文になっちゃった**」に！

✅ 正しくは

I lost **one of my shirts**.

— 👆 ポイント —

「無一文になる」と「着ているシャツまで失う」ことから、英語では **lose one's shirt** で「一文なしになる」。そのため I lost my shirt. は「無一文になる」と「シャツをなくした」のどちらの意味にもなります。誤解を避け I lost one of my shirts. と言えば、「シャツを1枚なくした」と伝わります。

— ✒️ 例文・和訳 —

A: I lost one of my shirts.
（シャツを1枚なくしちゃった）
B: I hope it wasn't expensive.
（高いのでなければいいね）

restrooms と toilets

「このビルには**トイレがない**」と言おうとして

There are no **toilets** in this building. だと

「**このビルには便器がない**」に！

✅正しくは

There are no **restrooms** in this building.

👆ポイント

日本では、「トイレ」は「トイレというスペース全体」と「便器」の両方を指します。しかしアメリカ英語では、基本的に「トイレ」は **restroom**、「便器」は **toilet** です。そのため **There are no toilets ...** だと「便器がない」なんて、ちょっとお下品な表現になるので気をつけましょう（イギリス英語だと **toilet** でも「トイレ」になります）。

🖊例文・和訳

A: **Where's the restroom?**
(トイレはどこ？)

B: **There are no restrooms in this building.**
(このビルにトイレはないよ)

fix と repair

「これはひどい修理（の仕方）だ」と言おうとして

This is a terrible **fix.** だと

「これではお手上げだ」に！

✓正しくは

This is a terrible **repair.**

 ポイント

fix も repair も「修理」を意味する単語です。しかし repair が「修理、修繕」を表すのに対し、fix は動詞なら「修理する」、名詞だと「苦境、不正工作」に。そこから terrible fix は「ひどい苦境」→「困り果てる、お手上げだ」という慣用句として使われます。

例文・和訳

A: It still doesn't work?
（まだ動かないの？）
B: This is a terrible repair.
（これはひどい修理［の仕方］だ）

painting と picture

「**その絵をもらうんだ！**」と言おうとして

I get the **picture**! だと

「**なるほど！**」に！

I get the **painting**!

―――― 👆 ポイント ――――

painting も **picture** も「絵」を表しますが、**picture** には「状況、事態」という意味もあることから、**get the picture** で「（状況を）理解する」。そのため **I get the picture!** で「状況がわかった！」→「なるほど！」となります。一方、**painting** は主に絵具で描かれた絵を表すため、「絵画」ならば **painting** を使いましょう。

―――― 🖊 例文・和訳 ――――

A: **What will he give you?**
　（彼はきみに何をあげるんだろう？）
B: **I get the painting!**
　（その絵をもらうんだ！）

dishes と foods

「この料理はどこの？」と言おうとして

Where are these **foods** from? だと

「この食べ物はどこの？」に！

Where are these **dishes** from?

dish と food はどちらも「食べ物」を表しますが、dish は「調理されてお皿に盛りつけられた料理」、food は「食べ物全般」です。そのため **Where are these dishes from?** だと「この料理はどこの？」ですが、foods だと「この食べ物はどこの？」という意味に取られる可能性があります（実際にこの意味でネイティブがよく使うのは、**What country is this food from?**）。

───── 📝 例文・和訳 ─────

A: **Where are these dishes from?**
   （この料理はどこの？）
B: **It's Vietnamese food.**
   （ベトナム料理だよ）

advice と suggestions

「**助言は何かありますか？**」と言おうとして

Do you have any **suggestions**? だと

「**提案は何かありますか？**」に！

Do you have any **advice**?

ビジネスシーンで最近、英語のまま使われているのが advice と suggestion です。「アドバイス／サジェスチョンをもらえますか？」などと使われますが、他の人に助言を求めるなら advice を、提案してもらいたいなら suggestion です。

例文・和訳

A: **Do you have any advice?**
（助言は何かありますか？）
B: **I think you should do it.**
（それをやったほうがいいと思うよ）

claim と complaint

「**文句でもあるの？**」と言おうとして

Do you have a **claim**? だと

「**申し立てはありますか？**」に！

✅正しくは

Do you have a **complaint**?

👆 ポイント

日本語では「文句を言う」を「クレームを言う」とも言いますが、英語の **claim** の意味は「主張、申し立て」。英語の「文句、不平」は complaint です。そのため **Do you have a claim?** だと、「申し立てはありますか？」などという意味になってしまいます。文句があるかどうかを聞くなら、**complaint** を使いましょう。

🎤 例文・和訳

A: **Do you have a complaint?**
（文句でもあるの？）
B: **Yes. My food is cold.**
（ああ。ごはんが冷めてる）

plan と project

「今日の午後の予定は？」と言おうとして

What's the **project** for this afternoon? だと

「今日の午後のプロジェクトは何？」に！

正しくは

What's the **plan** for this afternoon?

ポイント

plan と project、どちらもカタカナ読みで日本語として定着していますが、plan が「計画」全般を表すのに対し、project は「大規模な計画、大掛かりな事業」です。単なる予定を聞くのであれば、一般的な「計画」を表す plan を使いましょう。

例文・和訳

A: What's the plan for this afternoon?
  （今日の午後の予定は？）
B: Let's go watch a movie.
  （映画を見に行こうよ）

soft と software

「このソフトをネットで買ったんだ」と言おうとして

I bought this **soft** on the Internet. だと

「この柔らかいものをネットで買ったんだ」に！

 正しくは

I bought this **software** on the Internet.

👆 ポイント

日本では覚えるのが難しいからか、長いカタカナ英語はよく省略して使います。そのため software も「ソフト」と呼ばれますが、英語の soft は「（感触や印象が）柔らかい」。「（コンピュータなどで使う）ソフト」は、略さずきちんと software と言いましょう。「パソコン」も英語圏では通じませんよ！

🔊 例文・和訳

A: **Where did you get this?**
   （これはどこで買ったの？）
B: **I bought this software on the Internet.**
   （このソフトはネットで買ったんだ）

an exception と exceptional

「これは例外だ」と言おうとして

This is **exceptional**. だと

「これは非常に素晴らしい」に！

正しくは

This is **an exception**.

ポイント

名詞 **exception**（例外）の形容詞が、**exceptional**（例外的な）
です。しかし **exceptional** には「並外れた、すぐれた」という意
味もあるため、「これは例外だ」のつもりで **This is exceptional.**
と言うと「これは非常に素晴らしい」と高く評価する一言に。名詞
と形容詞で意味が異なる場合もあるので、注意しましょう。

🔊 例文・和訳

A: I thought you liked all science fiction movies.
（SF 映画なら何でも好きだと思ってた）

B: This is an exception.
（これは例外だ）

consent と outlet

「ここにコンセントがあるよ」と言おうとして

There's a **consent** over here. だと

「ここに同意があるよ」に！

 正しくは

There's an **outlet** over here.

👆 ポイント

日本語では、電気の差込口のことを「コンセント」と言いますが、英語の **consent** は「同意、承諾」を意味する言葉で、日本語の「コンセント」とは異なります。「コンセント」の正しい英語は **outlet**（もしくは **socket**）ですから、**There's a consent over here.** と言えば「ここに同意があるよ」なんて意味不明なフレーズに。「コンセント＝ **outlet**」と覚えましょう。

🖊 例文・和訳

A: **Can I charge my phone?**
（携帯を充電してもいい?）
B: **There's an outlet over here.**
（ここにコンセントがあるよ）

a neck と shoulders

「肩がこってるの？」と言おうとして

Do you get stiff **shoulders**? だと

「腕が張ってるの？」に！

✅ 正しくは

Do you get a stiff **neck**?

👆 ポイント

日本の辞書だと stiff shoulders、stiff neck のどちらも「肩こり」と紹介されていますが、ネイティブが stiff shoulders と聞くと「腕が張っている」と解釈するほうが多いでしょう。肩こりは本来「首の周り」がこっている状態ですので、stiff neck のほうが英語的にはピンときます。

🔊 例文・和訳

A: **Do you get a stiff neck?**
（肩がこってるの？）
B: **Yeah, a little.**
（うん、ちょっとね）

night game と nighter

「**夜、野球の試合があるんだ**」と言おうとして

We have a **nighter**. だと

「**夜通し会議をやります**」に！

✅正しくは

We have a **night game**.

👆 ポイント

日本では、夜やる野球の試合のことを「ナイター」と呼びますが、英語の **nighter** という言葉は「一晩中続くもの、夜の会議」などを指します。そのため、**We have a nighter.** だと「夜通し会議をやります」なんて取られる可能性も。「夜の野球の試合」なら **night game** と言いましょう。

✏️ 例文・和訳

A: **Where are you going?**
 （どこへ行くの？）
B: **We have a night game.**
 （夜、野球の試合があるんだ）

deadline と due date

図書館で「**返却期限はいつですか?**」と聞こうとして

When's the **deadline**?　だと

「**締切はいつですか?**」に!

✅正しくは

When's the **due date**?

---

deadline も due date も期限を表す言葉です。しかし、**due** には「…する予定である」という意味があるため、**due date** で「…する予定の日」→「返却期限」。一方 **deadline** は、**dead** がつくように「終わり」を表す言葉のため、「最終期限、締切」となります。

 例文・和訳

A: **When's the due date?**
   (返却期限はいつですか?)
B: **The end of this month.**
   (今月末です)

| 105 |

model student と student model

「メアリーは模範的な生徒だ」と言おうとして

Mary is a **student model**. だと

「メアリーは学生のモデルをしている」に！

✅ 正しくは

Mary is a **model student**.

👆 ポイント

いかにも言ってしまいそうな間違い英語です。model student なら前にある model が形容詞なので「模範的な生徒だ」ですが、student model だと student が形容詞になり「学生のモデル」という意味に。形容詞と名詞の語順に気をつけましょう。

🖊 例文・和訳

A: **Mary is a model student.**
 (メアリーは模範的な生徒だ)
B: **I know.**
 (そうだね)

a は、いる？ ①

「**少しなら私にできることがあります**」と言おうとして

There's little I can do. だと

「**私ができることはほとんどない**」に！

✅正しくは

There's **a** little I can do.

👆 ポイント

a little と **little** の違いはと言えば、「ある」「なし」の違いです。**a little** なら「少し<u>ある</u>」ですが、**little** のみだと「ほとんど<u>ない</u>」と否定的な意味に。**a** のある・なしで反対の意味になるのでご用心！

🖊 例文・和訳

A: **Can you help me?**
（手伝ってくれますか？）
B: **There's a little I can do.**
（少しなら私にできることがあります）

a は、いる？②

「**彼はタクシーで行ったよ**」と言おうとして

He went by **a** taxi. だと

「**彼はタクシーの横を通った**」に！

He went by taxi.

👆 ポイント

---

taxi に冠詞がつかない **by taxi** の場合、「タクシーで」と移動する手段を表します。一方、**by a taxi** と **taxi** に冠詞がつく時は「（1台の）タクシーのそば」となります。**go to school**（通学する）と同じく、「そのものの機能（ここではタクシーという乗り物としての機能）」を表す時、名詞に冠詞をつけません。

🖊 例文・和訳

A: **Did he walk home?**
（彼は家まで歩いて帰ったの？）
B: **He went by taxi.**
（彼はタクシーで行ったよ）

a は、いる？ ③

「夕食に七面鳥を出した」と言おうとして

I served **a** turkey for dinner. だと

「七面鳥に夕食を出した」に！

I served turkey for dinner.

ブタのように「動物としての名前（**pig**）」と「食肉としての名前（**pork**）」が違う場合はいいのですが、七面鳥やニワトリのように同じ単語を使う場合は、冠詞の有無で区別します。「生きている七面鳥」は **a turkey**、「七面鳥の肉」は無冠詞の **turkey** です。冠詞の有無で大違いですから、気をつけてくださいね！

例文・和訳

A: **What did your husband eat?**
（ご主人は何を食べたの？）
B: **I served turkey for dinner.**
（夕食に七面鳥を出したわ）

a と the

「あの銀行に行かないと」と言おうとして

I need to go to **a** bank. だと

「どこでもいいから銀行に行かないと」に！

✓正しくは

I need to go to **the** bank.

👆 ポイント

---

the は「話をしている両者がわかる特定のもの」ですが、a/an は「いろいろある中のどれでもいい１つ」です。そのため the bank なら「あの銀行」と特定の銀行を指しますが、a bank だと「どこでもいい銀行」です。a と the を変えるだけで意味も変わるので、注意しましょう。

🖊 例文・和訳

A: I need to go to the bank.
　　（あの銀行に行かないと）
B: I can lend you some money.
　　（多少ならお金を貸せるよ）

the は、いる？ ①

「ボブは社を出ております」と言おうとして

Bob left office. だと

「ボブは退職しました」に！

Bob left **the** office.

ポイント

よく聞く「間違い英語あるある」です。**the office** なら「会社（の建物）」を表すため、**leave the office** で「社を離れる、社外に出ている」。一方、無冠詞の **office** は「会社という組織」を表すため、**leave office** は「会社という組織を離れる」つまり「退職する」。冠詞の有無が、大きな誤解を生みます。

例文・和訳

A: **Where is Bob?**
（ボブはどこへ?）
B: **Bob (already) left the office.**
（ボブはすでに社を出ております）

the は、いる？ ②

「**海に行くつもりなんだ**」と言おうとして

I'm going to sea. だと

「私は船乗りになるつもりだ」に！

✅ 正しくは

I'm going to **the** sea.

👆 ポイント

「海」は限定的な存在なので **the sea** です。そのため **I'm going to the sea.** なら、「海に行くつもりなんだ」。しかし **go to sea** には「船乗りになる」という意味があるので、うっかり **the** を抜かして **I'm going to sea.** と言ってしまうと、「船乗りになるつもりだ」となり誤解されます。

🎙️ 例文・和訳

A: **What are you doing this weekend?**
（今週末はどこに行くの？）

B: **I'm going to the sea.**
（海に行くつもりなんだ）

4章

「前置詞くらい」で大惨事！
——"in"と"on"で真逆の意味に！
前置詞・形容詞・副詞

to は、いる？

「**タロウから電話があったよ**」と言おうとして

Taro called **to** you. だと

「**タロウがきみを呼んでたよ**」に！

正しくは

Taro called you.

👆 **ポイント**

「…に電話をかける」は、動詞の **call** のみで ○K。「…に」という言葉につられて、**call** のあとに **to** をつけてしまうと「…に呼びかける」という意味に。そのため「タロウから電話があったよ」と教えたつもりが、**Taro called to you.** だと「タロウがきみを呼んでたよ」と違う意味で伝わってしまいます。

🎙 **例文・和訳**

A: **Taro called you.**
（タロウから電話があったよ）
B: **What does he want?**
（何の用だろう？）

for と of

「**彼女がきみを怖がってるよ**」と言おうとして

She's afraid **for** you. だと

「**彼女はきみを心配してるよ**」に！

✅正しくは
She's afraid **of** you.

👆ポイント

強面の友人に忠告したつもりが、for には「…のために」と相手への利益を表すニュアンスがあるため、**be afraid for you** だと「きみを心配している」に。一方、of は原因を表すため **be afraid of you** で「きみが原因で怖がっている」→「きみを怖がっている」となります。

🎤例文・和訳

A: **Why doesn't Jill speak to me?**
（なぜジルは私に話しかけないの？）
B: **She's afraid of you.**
（彼女はきみを怖がってるんだよ）

on と with

「**彼は目的があってそうしたんだ**」と言おうとして

He did it **on** purpose. だと

「**彼はわざとそうしたんだ**」に！

✅ 正しくは

He did it **with** a purpose.

👆 ポイント

with a purpose なら前向きに「目的があって」ですが、**on purpose** だと「故意に、わざと」とネガティブなニュアンスを含みます。目的があって何かをしている人に **with** と **on** を間違えて言うと、失礼になるので気をつけましょう。

🖊 例文・和訳

A: **His painting is so detailed.**
（彼の絵はすごくきめ細かいね）

B: **He did it with a purpose.**
（彼は目的があってそうしたんだよ）

about と for ①

「そんなの興味ないな」と言おうとして

I don't care **for** that. だと

「それは好きじゃない」に!

✅ 正しくは

I don't care **about** that.

👆 ポイント

care は「気にかける、心配する」という動詞なので、**care about ...** は「…を気にかける」、否定形だと「…に興味がない」。一方 **care for ...** は「…を好む」ですが、否定形にすると「…が好きではない」とややキツい表現になります。

✏️ 例文・和訳

A: **He's angry again.**
（彼がまた怒ってるよ）
B: **I don't care about that.**
（そんなの興味ないな）

about と for ②

「**あなたのことを話して**」と言おうとして

Speak **for** yourself. だと

「**余計なお世話**」に！

✅正しくは

Speak **about** yourself.

👆 ポイント

Speak about yourself. なら、「あなた自身について話しなさい」
→「あなたのことを話して」となります。 しかし **Speak for yourself.** だと「あなた自身のために話しなさい」→「人のことはいいから」→「余計なお世話」と、あれこれ口出しする人に黙っているよう忠告する一言になります。

✏️ 例文・和訳

A: I don't know what to speak about.
   （何について話せばいいかわからないな）
B: Speak about yourself.
   （あなたのことを話してよ）

on は、いる？

「うちの犬 (のしつけ) はあきらめたんだ」と言おうとして

I gave up my dog. だと

「仕方なくうちの犬を人にあげた」に！

I gave up **on** my dog.

──── 👆 ポイント ────

実は、**give up ...** には「あきらめる」以外に「…を差し出す、放棄する」という意味もあるので、**I gave up my dog.** だと「仕方なくうちの犬を人にあげた」なんて取られる可能性も。しかし **give up on ...** なら「…に見切りをつける・愛想を尽かす」なので、**I gave up on my dog.** で「うちの犬 (のしつけ) はあきらめた」となります。

──── ✏️ 例文・和訳 ────

A: **I gave up on my dog.**
(うちの犬[のしつけ]はあきらめたんだ)
B: **Well, he is out of control.**
(そうだね、 手に負えないね)

to と with ①

「**彼女と話し合いました**」と言おうとして

I talked **to** her. だと

「**彼女に一方的に話をした**」に！

 正しくは

I talked **with** her.

 ポイント

talk to と **talk with** のように、わりと簡単なフレーズの違いって
わかりにくいですよね？　厳密に言うと、**talk with ...** なら「（相手
と）互いに話し合う」ですが、**talk to ...** は「（相手に一方的に）話
しかける」となりニュアンスが変わります。

🖊 例文・和訳

A: I talked with her.
　　（彼女と話し合いました）
B: What did she say?
　　（彼女は何て言ってた?）

to と with ②

「**ビルはケイトと結婚した**」と言おうとして

Bill got married **with** Kate. だと

「**ビルはケイトと一緒に（それぞれ他の人と）結婚した**」に！

> ✅正しくは
>
> # Bill got married **to** Kate.

 ポイント

よく考えればわかる問題です。**get married to ...** なら、「…と結婚する」と結婚相手を紹介する文になりますが、**get married with ...** だと「…と一緒に結婚する」と合同結婚式をするようなイメージに。つい **with** を使いたくなるかもしれませんが、「一緒に（それぞれ他の人と）結婚した」と異なる意味になりますので、**to** を使いましょう。

🎙 例文・和訳

A: **Bill got married to Kate.**
（ビルはケイトと結婚したよ）
B: **No way!**
（嘘でしょ！）

about は、いる？

「私のことは気にしないで」と言おうとして

Don't bother me. だと

「邪魔しないで」に！

✅正しくは

Don't bother **about** me.

👆ポイント

bother は「…を困らせる、…の邪魔をする」という意味の動詞で、あとに about を続けると「…のことで気をもむ・気にする」です。そのため「私のことは気にしないで」と声をかけるなら Don't bother about me. ですが、うっかり about を忘れると「邪魔しないで」なんて失礼な言い回しになってしまいます。

✒️例文・和訳

A: **What's wrong?**
    （何かあったの？）
B: **Don't bother about me.**
    （私のことは気にしないで）

about と of

「問題をよく考えて」と言おうとして

Think **of** the problems. だと

「そんなことをしたら大変だ」に！

✅正しくは

Think **about** the problems.

👆 ポイント

think about ... は「…について考える」なので、**Think about the problems.** は「問題をよく考えて」。しかし **think of ...** は「…について熟考する」と、より深く考えるニュアンスのため、**Think of the problems.** は「問題を熟考しろ」→「よく考えればわかるだろう」→「そんなことをしたら大変だ」と反語的な忠告になります。

✏️ 例文・和訳

A: **What should I do?**
（私はどうしたらいい？）
B: **Think about the problems.**
（問題をよく考えて）

in と on

「**タクシーに乗ったんだよ**」と言おうとして

I rode **on** the taxi. だと

「**タクシーの（屋根の）上に乗ったんだよ**」に！

I rode **in** the taxi.

👆 ポイント

in と on はたった1文字の違いですが、表すイメージは大違い。
ride in ... なら「…の中に乗り込む」なので、ride in the taxi は
「タクシー（の中）に乗る」。しかし ride on ... は「…の上に乗る」
なので、ride on the taxi だとアクションスターばりにタクシー
の屋根の上に乗っているイメージになります。

✏️ 例文・和訳

A: How did you get here so soon?
（どうやってこんなに早く着いたの？）
B: I rode in the taxi.
（タクシーに乗ったんだよ）

for と to

「彼の成功のために乾杯しよう」と言おうとして

Let's drink **for** his success. だと

「彼の成功を記念して乾杯しよう」に！

正しくは

Let's drink **to** his success.

ポイント

for には「…を記念して」というニュアンスもあるため、ネイティブは Let's drink for his success. を「彼の成功を記念して乾杯しよう」と取ります。しかし「（今後の）成功のために」なら、目的を表す to です。for か to かで成功の前か後か、意味が変わるので注意しましょう。

例文・和訳

A: Let's drink to his success.
　（彼の成功のために乾杯しよう）
B: Cheers!
　（乾杯！）

in と into

「牛乳の中にチョコを入れて混ぜて」と言おうとして

Stir the chocolate **in** the milk. だと

「牛乳の中に入っているチョコを混ぜて」に！

✅正しくは

Stir the chocolate **into** the milk.

👆 ポイント

似た前置詞ですが、in は「（空間の中）にある」、into は「（外から）中へ」というイメージです。そのため stir the chocolate in the milk は「すでに牛乳の中にあるチョコを混ぜる」、stir the chocolate into the milk なら「牛乳の中にチョコを入れて混ぜる」となります。in と into で手順が変わるので要注意ですよ！

🖊 例文・和訳

A: Can I help?
（手伝おうか？）
B: Stir the chocolate into the milk.
（牛乳の中にチョコを入れて混ぜて）

at と until

「銀行は3時まで開いてるよ」と言おうとして

The bank is open **at** 3:00. だと

「銀行は3時には開いてるよ」に！

 正しくは

The bank is open **until** 3:00.

👆 ポイント

時間の前に **at** をつけるクセがついていると、こんな間違いを犯します。**at** は「ピンポイントの時間」を表すため、The bank is open at 3:00. だと「銀行は3時には開いている」。しかし **until** なら「その時までずっと同じ状態が続いている」ことを表すため、open until 3:00 なら「3時まで（ずっと）開いている」となります。

🎤 例文・和訳

A: What time does the bank close?
（銀行は何時に閉まるの？）
B: The bank is open until 3:00.
（銀行は3時まで開いてるよ）

127

among と between

「**イルカに囲まれて泳ぎたいな**」と言おうとして

I want to swim **between** the dolphins. だと

「**2頭のイルカの間で泳ぎたいな**」に！

 正しくは

I want to swim **among** the dolphins.

 ポイント

among ... は「…に囲まれた」ですが、**between ...** は「…の間（ふたつの物の間に挟まれている状態）」を表します。そのため複数のイルカに「囲まれたい」なら **among the dolphins**、「2頭のイルカの間に挟まれたい」なら **between the dolphins** となります。

 例文・和訳

A: **What is your dream?**
（あなたの夢は何？）
B: **I want to swim among the dolphins.**
（イルカに囲まれて泳ぎたいな）

above と on

「マイクは取締役会の役員を務めるんだ」と言おうとして

Mike will serve **above** the board of directors. だと

「マイクは取締会の役員より上の役員を務めるんだ」に!

正しくは

Mike will serve **on** the board of directors.

ポイント

on は「(何かに接している)上」、**above** は「(それよりもさらに)上」
を表す前置詞です。そのため **serve on ...** なら「(委員会などの)
役職を務める」ですが、**serve above ...** だと「…よりさらに上の
役職を務める」と取られるため、誤解を招きます。

例文・和訳

A: How will Mike be involved in the new company?
　　(マイクはどうやって新しい会社に関わることになったの?)
B: Mike will serve on the board of directors.
　　(マイクは取締役会の役員を務めるんだ)

after と behind

「彼は一日中、私の後ろにいた」と言おうとして

He was **after** me all day. だと

「彼に一日中追われた」に！

✅正しくは

He was **behind** me all day.

👆 ポイント

be after someone には「…の後ろ」と「…のあとを追って」の2つの意味があります。そのため He was after me all day. と言うと、「彼は一日中、私のあとを追った」→「彼に一日中追われた」と誤解されるかも。「彼は一日中、私の後ろにいた」なら、behind を使いましょう。

📖 例文・和訳

A: John doesn't drive very fast.
  （ジョンはあまり速く運転しないんだ）
B: I know. He was behind me all day.
  （そうだよね。彼は一日中、私の後ろにいた）

from と of

夕食を前に「**野菜はもううんざりだ**」と言おうとして

I got sick **from** eating vegetables. だと

「**野菜を食べたので気持ちが悪い**」に!

I got sick **of** eating vegetables.

—— 👆 ポイント ——

sick of ... なら「…に飽きる、うんざりする」なので、I got sick
of eating vegetables. で「野菜はもううんざりだ」。しかし
sick from ... だと「…のせいで気分が悪くなった」なので、I got
sick from eating vegetables. は「野菜を食べたので気分が
悪い」なんて取られてしまいます。

—— ——

A: **You only ate vegetables for two weeks?!**
   （2週間、野菜だけ食べてるの?!）
B: **I got sick of eating vegetables.**
   （野菜はもううんざりだ）

on は、いる？ ①

「私が彼女に話そうと思う」と言おうとして

I'm going to tell **on** her. だと

「彼女のことを告げ口しよう」に！

 ✅ 正しくは

I'm going to tell her.

👆 ポイント

単に「彼女に話そうと思う」と言うなら、**I'm going to tell her.** で OK です。しかし、前置詞 **on** には「密着する」イメージがあるため、**tell on** で「告げ口する、密告する」というフレーズに。うっかり **on** を入れたら、大変なことになりますよ！

🎤 例文・和訳

A: **Should we tell Shelley?**
（シェリーに話すべきかな？）

B: **I'm going to tell her.**
（私が彼女に話そうと思う）

| 132 |

on は、いる? ②

「彼が私を殴ったの」と言おうとして

He hit **on** me. だと

「彼は私をナンパした」に!

正しくは

He hit me.

ポイント

hit だけなら「殴る」ですが、上から殴りかかるイメージでつい **on** をつけてしまうと「…にしつこくつきまとう・言い寄る」という意味に。転じて「ナンパする」なんて意味に取られてしまうので気をつけましょう。

例文・和訳

A: **What happened?**
  （何があったの?）
B: **He hit me.**
  （彼が私を殴ったの）

funny は、いる？

「**面白い冗談だ！**」と言おうとして

What a joke! だと

「**ちゃんちゃらおかしいよ！**」に！

✓ 正しくは

What a **funny** joke!

👆 ポイント

What a funny joke! なら「なんて面白い冗談なんだ！」→「面白い冗談だ！」となりますが、**What a joke!** だと「なんて冗談（言ってるん）だ！」→「ふざけるなよ！」「ちゃんちゃらおかしいよ！」と、相手を批判する言い回しになります。ジョークが面白いとほめるなら、**funny** を使いましょう。

✏️ 例文・和訳

A: I know that money talks, but all mine says is "Goodbye."
（お金はおしゃべりするものなんだけど、俺のお金は「さよなら」って言うんだ）

B: What a funny joke!
（面白い冗談だ！）

delicious は、いる？

「このケーキ、いいにおい」と言おうとして

This cake smells. だと

「このケーキ、におうね」に！

 正しくは

This cake smells **delicious.**

 ポイント

smell の意味は確かに「においがする」ですが、「悪臭がする、におう」というニュアンスもあります。そのため This cake smells. だけだと「このケーキ、におうね」なんて失礼な一言に！ 「いいにおい（がする）」とほめるなら、smell delicious と表現しましょう。

例文・和訳

A: **This cake smells delicious.**
   （このケーキ、いいにおい）
B: **Thanks! I made it.**
   （ありがとう！ 私が作ったの）

little と small

「私には2人、妹がいる」と言おうとして

I have two **small** sisters. だと

「私には2人、体の小さな姉妹がいる」に！

 正しくは

I have two **little** sisters.

 ポイント

いずれも「小さい」を表す語ですが、**small** は主に形状や規模の小ささを指すのに対し、**little** には「若い、年少の」という意味もあります。そのため little sister なら「妹」ですが、**small sister** だと「体の小さな姉妹」と誤解されます。

✏️ 例文・和訳

A: **Do you have siblings?**
（兄弟はいる？）
B: **I have two little sisters.**
（私には2人、妹がいる）

convertible と open car

「**オープンカーを持っています**」と言おうとして

I have an **open car**. だと

「**カギのかかっていない車を持っています**」に!

✅正しくは

I have a **convertible**.

 ポイント

convertible の元の意味は「変換可能な、改造できる」ですが、転じて「オープンカー」という意味でも使われるようになりました。「オープンカー」という言葉は和製英語なので、ネイティブには「カギのかかっていない(オープンな) 車」なんて取られる可能性も。「オープンカーを持っています」なら **I have a convertible.** です。

🖊 例文・和訳

A: What kind of car do you have?
    (どんな車を持ってるの?)
B: I have a convertible.
    (オープンカーを持ってるよ)

no cut と uncut

「このビデオはノーカット版なんだ」と言おうとして

This video is the **no cut** version. だと

「このビデオは未編集なんだ」に！

 正しくは

This video is the **uncut** version.

 ポイント

「何も編集（カット）していない映画」を「ノーカット版」などと呼びますが、この「ノーカット」は和製英語のため通じません。英語で「未編集のもの」は no cut と言い、「ノーカット版」なら uncut version です。

例文・和訳

A: I think your video is longer than mine.
　（きみのビデオ、ぼくのより長いみたい）
B: This video is the uncut version.
　（このビデオはノーカット版なんだ）

deep と low

「その考えは深いですね」と言おうとして

That's a **low** thought. だと

「それは下品な考えだ」に！

 正しくは

That's a **deep** thought.

👆 ポイント

deep も low も低い位置を示す言葉ですが、「深い」を表すのは deep だけ。low には「低い」だけでなく「下品な、卑しい」といったネガティブなニュアンスもあるため、**That's a low thought.** だと「それは下品な考えだ」なんて受け取られるかもしれません。

 例文・和訳

A: **Money doesn't grow on trees.**
  （木にお金は生えない）
B: **That's a deep thought.**
  （その考えは深いね）

black と brown

「**私の瞳は黒です**」と言おうとして

I have **black** eyes. だと

「**私は目にあざがあります**」に！

✅ 正しくは

I have **brown** eyes.

 ポイント

「黒い瞳」の直訳となる **black eye** には「（殴られて目の周りにできる）青あざ、敗北」といった意味もあります。また実際に「黒い瞳」といっても真っ黒ではないので、誤解を避ける意味でも **brown eyes** や **dark eyes** などと表現するのが一般的です。

🖊 例文・和訳

A: **Are your eyes dark gray?**
（あなたの瞳は濃い灰色？）
B: **I have brown eyes.**
（私の瞳は茶色［黒］です）

impressed と impressive

「**よかったよ**」と言おうとして

I was **impressive.** だと

「**私は見事だった**」に！

I was **impressed.**

-------- ポイント --------

両方とも形容詞ですが、**impressed** は「感動して」であるのに対し、**impressive** は「強い感動を与える」。そのため I was impressed. なら「私は感動した」→「よかったよ」ですが、I was impressive. だと「私は強い感動を与えた」→「私は見事だった」なんて自画自賛になります。

-------- 例文・和訳 --------

A: **How was the movie?**
（その映画はどうだった？）
B: **I was impressed.**
（よかったよ）

below と less

「**10万円以下の場所を探している**」と言おうとして

I'm looking for a place that's ¥100,000 or **below**. だと

「**10万円未満の場所を探している**」に！

I'm looking for a place that's ¥100,000 or **less**.

 ポイント

「未満」と「以下」は、日本語でも意味を間違えがちです。**or less** は「基準以下（基準値も含む）」、**or below** は「基準よりも下（基準値は含まない）」になるため、**¥100,000 or below** なら「10万円未満」、**¥100,000 or less** なら「10万円以下」となります。

例文・和訳

A: How much is your budget?
（あなたの予算はいくら?）

B: I'm looking for a place that's ¥100,000 or less.
（10万円以下の場所を探しているんだ）

over と through

「この本は読みきれない」と言おうとして

I can't get **over** this book. だと

「この本には驚いた」に！

正しくは

I can't get **through** this book.

👆 ポイント

---

over には「終わって」のニュアンスがあるのでこう言ったのでしょうが、否定文で **get over** を使うと「…を驚かずにはいられない」なんて意味に。一方、**through** には「初めから終わりまで、終える」というニュアンスがあるので、**get through** なら「…を終える、通過する」となります。

📖 例文・和訳

A: **Are you ready for the test?**
　（テストの用意はいい？）
B: **I can't get through this book.**
　（この本は読みきれないよ）

over は、いる？

「私はナンシーを夕食に招待した」と言おうとして

I had Nancy for dinner. だと

「私は夕食にナンシーを食べた」に！

 正しくは

I had Nancy **over** for dinner.

 ポイント

have は使役動詞でもあるため、**have ... over for dinner** なら「…を招いて夕食を振る舞う」。しかし、**have** には「食べる」という意味もあるので、**have ... for dinner** だと「夕食に…を食べる」。そのため **have Nancy for dinner** は、「夕食にナンシーを食べる」となります。

🎤 例文・和訳

A: **What did you do last night?**
（昨晩何をしたの？）
B: **I had Nancy over for dinner.**
（ナンシーを夕食に招待したよ）

around と here

「彼はここに来たよ」と言おうとして

He came **around**. だと

「彼が同意した」に!

He came **here**.

ポイント

come here なら、直訳のまま「ここに来る」となります。一方、come around には「ぶらりと訪れる、回り道をしてやってくる」だけでなく「同調する、(態度を変え)同意する」という意味もあるため、He came around. だと「彼が同意した」と受け取られる可能性があります。

🖊️ 例文・和訳

A: Did Mike come here or did he go to the factory?
(彼はここに来た、それとも工場に行った?)
B: He came here.
(彼はここに来たよ)

off と up

「彼女が姿を現した」と言おうとして

She showed **off**. だと

「彼女はこれ見よがしにふるまった」に！

 正しくは

She showed **up**.

 ポイント

スターが階段を降りて姿を現すイメージだと **off** を使うような気がしますが、**show off** は「見せびらかす、目立とうとする」という意味に。**show up** なら「（見えないところから見えるほうへと）姿を現す」です。**off** と **up** の1単語違いで失礼な言葉になるので、要注意です。

✏️ 例文・和訳

A: **Did Karen come?**
（カレンは来た?）
B: **She showed up.**
（彼女は姿を現したよ）

out は、いる？

「彼と一緒に外出したんだ」と言おうとして

I went **out** with him. だと

「彼と付き合っていたんだ」に！

I went with him.

───── ポイント ─────

「外出した」は、外に「出る」だから out をつけると思いますよね？
単に「外出する」なら go out ですが、そこに with をつけると話
は別です。go out with ... は「(…と)共に外出する」が転じて「…
と付き合う、交際する」という意味で使われるフレーズ。そのため
「外出した」のつもりでこう言うと、勘違いされるかもしれません。

───── 例文・和訳 ─────

A: **Are you sure Jack went to the meeting?**
(ジャックは本当に会議に行ったの？)
B: **Yeah, I went with him.**
(ああ、彼と一緒に行ったよ)

ahead は、いる？

「ボブはまっすぐ歩いて行ったよ」と言おうとして

Bob went straight. だと

「ボブはまじめになった」に！

✅正しくは

Bob went straight **ahead**.

👆ポイント

実は、**go straight** には「まっすぐに行く」と「まじめになる」の2種類の意味があります。そのためボブがかつて不良だったなど、状況によっては「まじめになった」と取られる可能性も。最後に **ahead** をつければ、誤解されずに「まっすぐに行った」となります！

✏️例文・和訳

A: **Where's Bob?**
(ボブはどこ？)
B: **Bob went straight ahead.**
(ボブはまっすぐ歩いて行ったよ)

148

5 章

「助動詞」は知らずに使うと超キケン！

—— 助動詞と主語、目的語

can は、いる？

「**聞こえてるよ**」と言おうとして

I hear you. だと

「**わかってるって**」に！

 正しくは

I **can** hear you.

👆 **ポイント**

I can hear you. と可能を表す can を使えば、「（あなたの声は）聞くことができます」→「聞こえてるよ」となります。しかし現在形の **I hear you.** だと、すでに聞こえている状態を表すため「（あなたの声は）聞こえています」→「聞こえてるってば」「わかってるって」と、言い方によってはケンカを売る一言に聞こえてしまいます。

✏️ **例文・和訳**

A: Hello? Hello!
　（もしもし？　もしもし！）
B: I can hear you.
　（聞こえてるよ）

couldn't と shouldn't

「**文句なしの出来だ**」と言おうとして

You **shouldn't** ask for more. だと

「**これ以上望むのは図々しい**」に！

✅正しくは

You **couldn't** ask for more.

👆 ポイント

couldn't ask for more は慣用句で、「それ以上のことは望めない」→「文句なしの出来だ」と最上級のほめ言葉になります。一方、**You shouldn't ask for more.** は「あなたはこれ以上のことを望むべきではない」→「これ以上望むのは図々しい」という戒めの言葉に。**couldn't** と **shouldn't** を間違えると、大変ですよ！

🖊 例文・和訳

A: I got straight A's!
　（オール A を取ったよ！）
B: You couldn't ask for more.
　（文句なしの出来だね）

could と couldn't

「**最悪だ**」と言おうとして

Things **could** be worse. だと

「**それほど悪くはない**」に！

 正しくは

Things **couldn't** be worse.

 ポイント

could be worse は「より悪くなる可能性があった」→「（しかし実際は）それほど悪くはない」と反語的に解釈するフレーズです。それに対し、否定形の couldn't be worse は「それ以上悪くはならない」→「最悪だ」と、最低の気分を表す決まり文句になります。

🖊 例文・和訳

A: I heard your house burned down.
（きみの家、火事になったんだってね）
B: Things couldn't be worse.
（最悪だよ）

couldn't と wouldn't

「私ならそんなことはしないな」と言おうとして

I **couldn't** do that. だと

「私ならそれはできないな」に！

✅ 正しくは

I **wouldn't** do that.

👆 ポイント

いずれも助動詞の過去形ですが、ニュアンスが異なります。
would には願望が含まれるため、I wouldn't do that. で「私
ならそんなことをしないな」。それに対し、could には可能のニュ
アンスが含まれるため、I couldn't do that. だと「私ならそれは
できないな」です。

✏️ 例文・和訳

A: I told my friend I was sick.
（友達には病気だって言ったんだ）

B: I wouldn't do that.
（私ならそんなことしないな）

couldn't と didn't

「彼女の名前を思い出せなかったんだ」と言おうとして

I **didn't** remember her name. だと

「彼女の名前を覚えていなかったんだ」に！

✅ 正しくは

I **couldn't** remember her name.

👆 ポイント

I couldn't ... には「…（したかったのに）できなかった」というニュアンスがあるため、I couldn't remember ... は「（努力したけど）思い出せなかった」となります。しかし I didn't ... は単に「…しなかった」という事実を表すため、I didn't remember ... だと「（そもそも）覚えていなかった」と聞こえます。

📝 例文・和訳

A: Why didn't you mention Linda in your speech?
（どうしてスピーチでリンダのことを言わなかったの？）
B: I couldn't remember her name.
（彼女の名前を思い出せなかったんだ）

want と would like

「やりたいことを、おやりなさい」と言おうとして

Do what you **want** to do. だと

「勝手にしなさい」に！

✅ 正しくは

Do what you **would like** to do.

👆 ポイント
---

want はストレートに願望を表す動詞のため、**Do what you want to do.** だと「あなたがやりたいことをやれば」→「勝手にしなさい」という、きつい一言に取られる可能性があります。一方 **would like to ...** は丁寧なニュアンスになるので、**Do what you would like to do.** なら「やりたいことを、おやりなさい」です。

🎙 例文・和訳

A: **What do you think I should do?**
(私はどうしたらいいと思う？)
B: **Do what you would like to do.**
(やりたいことを、おやりなさい)

do と would

「ステーキの焼き加減はどうしますか？」と言おうとして

How **do** you like your steak? だと

「ステーキはおいしいですか？」に！

✅ 正しくは

How **would** you like your steak?

👆 ポイント

How do you like ...? は「…はどうですか？」と感想などを求める時に使うフレーズ。それに対し **How would you like ...?** は「…はどうしたいですか？」と要望をたずねる際の決まり文句です。そのため **How would you like your steak?** は「ステーキはどうしたいですか？」→「ステーキの焼き加減はどうしますか？」となります。

✏️ 例文・和訳

A: How would you like your steak?
（ステーキの焼き加減はどうしますか？）
B: Well-done, please.
（ウェルダンでお願いします）

used to と would

「かつてはよく勉強したものだ」と言おうとして

I **would** study hard. だと

「私なら一生懸命勉強したのに」に!

 正しくは

I **used to** study hard.

―――― 👆 ポイント ――――

「かつては…したものだ」という過去の習慣なら、used to か would です。used to ... が一般的な「今はしなくなった過去の習慣」を表わすのに対し、would は時を表すフレーズとともに用いて「懐かしい昔の思い出」を表します。would のこの用法はまれで、通常はまず「…したのに」という意味です。過去と現在の習慣の違いを表すなら、used to を使いましょう。

―――― 👇 例文・和訳 ――――

A: I never see you studying.
(きみが勉強してるのは見たことがない)

B: I used to study hard. Now I only have easy classes.
(かつてはよく勉強したものだよ。今は簡単な授業しか受けてないけど)

had better と should

「そんなことは二度とやらないほうがいい（大変なことになる）」と言おうとして

You **shouldn't** do that again. だと

「それは二度とやらないほうがいい」に！

✅ 正しくは

You'**d better** not do that again.

👍 ポイント

よく誤解されるのですが、**should** は「…したほうがいい」というアドバイスなのに対し、**had better** は「…したほうがいい（さもないと大変なことになる）」という警告です。そのため、危機感をもって「そんなことは二度とやらないほうがいい（大変なことになる）」と伝えるなら、**had better** を使いましょう。

📝 例文・和訳

A: I bad-mouthed my boss.
（上司を罵倒しちゃった）
B: You'd better not do that again.
（そんなことは二度とやらないほうがいいよ）

might と will

打ち合わせが「**その日かもしれない**」と言おうとして

That **will** be the day. だと

「それはあり得ない」に!

That **might** be the day.

👆 ポイント

「(それは)その日かもしれない」と答えるなら、**might**(…かもしれない)を使って、**That might be the day.** と直訳すれば○K。
一方、**the day** は「人類最後の日」を指すと考え(諸説あります)、**That will be the day.** で「その日(人類最後の日)が来たら世も末だ」→「それはあり得ない」と反語的に解釈する慣用句です。

✏️ 例文・和訳

A: Is the next meeting on the 2nd?
（次の打ち合わせは2日?）
B: That might be the day. Let me check.
（その日かもしれない。確認するね）

I と you ①

正解した相手に「**当たり！**」と言おうとして

I got it! だと

「**わかった！**」に！

✅正しくは

You got it!

 ポイント

get には「理解する」という意味があるので、get it で「わかる、了解する」です。そのため You got it! なら「あなたはわかりましたね！」→「当たり！」ですが、I got it! と自分を主語にすると「わかった！」です。相手が正解したなら、主語を You にして You got it! です。

🎤 例文・和訳

A: Let me guess. It's your birthday?
   （当てさせて。今日ってあなたの誕生日？）
B: You got it!
   （当たり！）

I と you ②

「**賛成だ**」と言おうとして

That's what **you** say. だと

「**私はそうは思わない**」に！

✅ 正しくは

That's what **I** say.

👆 ポイント

That's what I say. は「それは私の言うことだ」→「私の考えと同じだ」→「賛成だ」と同意を表すフレーズです。それに対し、**That's what you say.** だと「それはあなたの言うことだ」→「私はそうは思わない」と逆の意味になります。

例文・和訳

A: This is boring.
   （これはつまらないね）
B: That's what I say.
   （賛成だ）

you と you'll

「**なんとも言えないよ**」と言おうとして

You'll never know. だと

「**きみには絶対に教えない**」に！

> ✅正しくは
>
> ## You never know.

👆 ポイント

You never know. の直訳は「あなたには絶対にわからない」ですが、転じて「（わからないんだから）なんとも言えないよ」と、相手を牽制する際の表現です。一方 **You'll never know.** は「あなたは（将来的にも）決してわからないだろう」→「（なぜなら）きみには絶対に教えない（から）」と、やや意地悪な慣用句になります。

🎙 例文・和訳

A: **Do you think we will win?**
（私たちが勝つと思う？）
B: **You never know.**
（なんとも言えないよ）

you're と what

「（それは）もったいない！」と言おうとして

You're a waste! だと

「お前はどうしようもないヤツだ」に！

What a waste!

 ポイント

相手に向かって「もったいない！」と言うからといって、**You're a waste!** だと「あなた ＝ **waste**（不要なもの、無駄）」、つまり「お前はどうしようもないヤツだ」となってしまいます。**What a ...!** で「なんて…なんだ！」という強調表現になるので、**What a waste!** で「（それは）もったいない！」です。

📝 例文・和訳

A: **It was 200 dollars.**
（それは 200 ドルだったよ）
B: **What a waste!**
（もったいない！）

that's と you're

「(値段が)高すぎるよ」と言おうとして

You're too much. だと

「もうやめてよ」に!

 ポイント

英語では、主語がとても重要です。**You're too much.** は「あなたはやり過ぎだ」→「ひどすぎる」→「もうやめてよ」と、過剰な相手を牽制する際のフレーズ。一方、**That's too much.** なら「**That**(それ) = **too much**(高すぎる)」なので、値段が高いと文句を言う際の表現になります。

🎙️ 例文・和訳

A: I'll sell you my car for $100.
(僕の車を100ドルで売ってあげるよ)
B: That's too much.
(高すぎるよ)

this と there

「これは絶好の機会だ」と言おうとして

There's a good chance. だと

「可能性が高い」に！

正しくは

This is a good chance.

───────── 👆 ポイント ─────────

This is ... なら「これは…だ」ですが、**There's ...** は「…がある」です。そのため **There's a good chance.** は、「十分な可能性がある」→「可能性が高い」というニュアンスになります。一方「これは絶好の機会だ」は、「これはペンです」と同じ要領で **This is a good chance.** で ○ です。

───────── ✏️ 例文・和訳 ─────────

A: **We might win!**
(私たちは勝てるかも！)
B: **This is a good chance.**
(これは絶好の機会だ)

it と that

「そんなことを言ったの？」と言おうとして

You said **it**. だと

「あなたの言う通りだ」に！

 正しくは

You said **that**?

 ポイント

it はすでに言及したものをピンポイントで指すニュアンスがあるので、**You said it.** は「あなたがそれを言った」→「あなたの言う通りだ」と相手に同意する時に使うフレーズです。一方、**that** には「そんなこと、あの」という軽蔑的なニュアンスもあるため、「そんなことを言ったの？」なら、語尾を上げて **You said that?** です。

—— 例文・和訳 ——

A: I told her to shut up.
（彼女に静かにしてくれと言ったんだ）

B: You said that?
（そんなことを言ったの？）

it と this ①

「彼女にこれがほしいと頼まれたんだ」と言おうとして

She asked for **it**. だと

「**彼女は自業自得だ**」に!

✓ 正しくは

She asked for **this**.

👆 ポイント

ask for ... は「…をくれと頼む、…を求める」ですが、ask for it は「それを自分で求める」→「自業自得だ」「自ら災難を招く」という慣用句です。そのため、She asked for it. と、うっかり it を使ってしまうと、「自業自得だ」と取られてしまいます。「これ」なら誤解を招かぬよう、this を使いましょう。

🖊 例文・和訳

A: Will you buy the car?
   (その車を買うの?)
B: She asked for this.
   (彼女にこれがほしいと頼まれたんだ)

it と this ②

「**食事の用意ができたよ**」と言おうとして

Come and get **this**. だと

「**ここにきて、これを取りなさい**」に！

✅正しくは

Come and get **it**.

👆 ポイント

日本語の「食事の用意ができたよ」「ご飯ですよ」にあたるフレーズが、**Come and get it.** です。話者同士がお互いにわかっているものを指すので、代名詞は **it** を使います。一方、**Come and get this.** だと「これ」と手元のものを指しての指示になるため、「ここにきて、これを取りなさい」なんて意味になります。

🖊 例文・和訳

A: Is dinner ready?
   （夕食はできた？）
B: Come and get it.
   （食事の用意ができたよ）

it と this ③

「これ、どうするの？」と言おうとして

How do you do **it**? だと

「よく（そんなすごいこと）できるね！」に！

✅正しくは

How do you do **this**?

👍 ポイント

How do you do this? なら、直訳のまま「これ、どうするの？」となります。しかし **this** をうっかり **it** と言ってしまうと、**it** には「重要なもの」「理想」という良い意味があるため、**How do you do it?** で「どうやってそんな重要なことをやるの？」→「よく（そんなすごいこと）できるね！」という、ほめ言葉になります。

✏️ 例文・和訳

A: **How do you do this?**
  （これ、どうするの？）
B: **I'll show you.**
  （見せてあげるよ）

big と large

本書でも少し触れましたが、「大きい」を表す言葉に **big** と **large** があります。どのように使い分けるか、ご存知ですか?

もっとも一般的な「大きい」を表す語は、**big** です。**large** よりも口語的で、「えらい、重要な、寛大な」というニュアンスもあります。

客観的な大きさだけでなく主観的な感情も入るため、ネイティブは会話で **large** よりも **big** をよく使います。

The deadline isn't such a big problem.
締め切りはさほど大した問題じゃないよ。

それに対し **large** は、**large sums**(多額)のように、数量に用いることが可能です。また **big** に比べ、**large** はやや丁寧なニュアンスがあり、客観的です。そのためサイズの大きさにも用いられ、他との比較にもよく使われます。ファストフード店のメニューや、衣料品の **large**(L サイズ)は、まさにそのいい例です。

I'd like a large order of French fries.
ポテトの L をお願いします。

では、次の文は **big** と **large** のどちらが最適でしょうか?

This file is too big/large to download.
このファイルは大きすぎてダウンロードできない。

おそらく多くのネイティブは、「大きすぎて」という主観的なニュアンスがうまく出せる **big** を選ぶでしょう。こんな「ネイティブ感覚」を、ぜひ身につけてください。

6章

「トリッキーな表現」に要注意！
──英語のセンスを身につけよう

！と？

「**マジで！**」と言おうとして

What do you know? だと

「**あなたには言われたくないな**」に！

正しくは

What do you know!

 ポイント

What do you know! は「なんでわかったんだ！」→「驚いた！」
「マジで！」と、予期せぬことが起こった時に驚きを表現するフレーズです。一方 **What do you know?** は、「あなたが何をわかるの？」→「（何も知らない）あなたには言われたくないな」と反論する際の一言になります。ニュアンスの違いでここまで変わるので、要注意です。

例文・和訳

A: **I found your glasses.**
（きみのメガネを見つけたよ）
B: **What do you know!**
（マジで！）

tired と tiring

「彼女はとても疲れている」と言おうとして

She's really **tiring**. だと

「彼女はとても退屈な人だ」に！

She's really **tired**.

👆 ポイント

「疲れている」なら形容詞の tired を使い、She's really tired. で「彼女はとても疲れている」です。tiring も形容詞ですが「疲れる」の他に「退屈な」「やっかいな」という意味があるため、She's really tiring. だと「彼女はとても退屈な人だ」なんて失礼な一言になってしまいます。

🖊 例文・和訳

A: What about Lucy?
　　（ルーシーはどうしたの？）
B: She's really tired.
　　（彼女はとても疲れているんだ）

173

or not は、いる？

「行くの？」と言おうとして

Are you going **or not**? だと

「行くのか行かないのか、どっちなのよ？」に！

> ✅ 正しくは
>
> ## Are you going?

👆 ポイント

「行くのか行かないのか」を確認したいからと、**Are you going or not?** と言ってしまうと、「行くのか行かないのか、どっちなのよ？」とイライラして聞くようなニュアンスになります。単に「行くの？」と聞くなら、**Are you going?** だけで十分です。

✏️ 例文・和訳

A:　**Jim's party is tomorrow, right?**
　　（ジムのパーティって明日だよね？）
B:　**Are you going?**
　　（行くの？）

an と the

「その傘を持って行きなさい」と言おうとして

Take **an** umbrella with you. だと

「(どれでもいいから)傘を持って行きなさい」に！

✅ 正しくは

Take **the** umbrella with you.

👆 ポイント

2つの違い、わかりますか？　a/an は「たくさんあるうちのどれで もいい1つ」を指すので、**Take an umbrella with you.** は「(ど れでもいいから)傘を持って行きなさい」。一方、**the** は具体的に どれか1つを限定するため、「その傘」とお互いがわかるものを指 します。**a/an** と **the** は、意識して使い分けましょう。

✏️ 例文・和訳

A: It's cloudy today.
　(今日は曇りだね)
B: Take the umbrella with you.
　(その傘を持って行きなさい)

a と her

「彼女に手を貸してと頼んだんだ」と言おうとして

I asked her for **her** hand. だと

「彼女に結婚を申し込んだんだ」に！

✅ 正しくは

I asked her for **a** hand.

 ポイント

ask for a hand なら「手助けを求める」「手を貸してと頼む」ですが、**ask for someone's hand** だと「…に手を差し伸べるよう求める」→「結婚を申し込む」というプロポーズの言葉に。**a** と **her** を間違えると、大変なことになるかも?!

 例文・和訳

A: I asked her for a hand.
　（彼女に手を貸してと頼んだんだ）
B: That's good.
　（それは良かった）

a と his

「彼は奥さんを探している」と言おうとして

He's looking for **a** wife. だと

「彼は結婚したがっている」に！

✅正しくは

He's looking for **his** wife.

👆 ポイント

look for one's wife は「…の妻を探す」なので、**He's looking for his wife.** なら「彼は奥さんを探している」です。 しかし、**look for a wife** は「妻を探している＝結婚したがっている」となり、まったく違う意味に！ かなり誤解されますので、気をつけましょう。

🖊 例文・和訳

A: What is he doing?
　　（彼は何をしているの？）
B: He's looking for his wife.
　　（彼は奥さんを探しているんだ）

177

the と that

「**ドアを閉めて**」と言おうとして

Close **that** door. だと

「**あのドア閉めてってば！**」に！

✅ 正しくは

Close **the** door.

👆 ポイント

the は、「それ」と自分と相手が限定できるものを表します。その
ため「(その)ドアを閉めて」なら、**Close the door.** です。一方、
あえて **Close <u>that</u> door.** と that にするのは、離れた場所のド
アが開いていることを相手がわかっておらず、ちょっと苛立ってい
るような時。微妙なニュアンスの違いがあります。

🎙️ 例文・和訳

A: **Close the door.**
　　(ドアを閉めて)
B: **Okay.**
　　(わかった)

ASAP と sooner

「なる早でやってください」と言おうとして

Please do it **sooner**. だと

「少し早くやってください」に！

正しくは

Please do it **ASAP**.

👆 ポイント

ASAP は as soon as possible を略したもので、「できるだけ早く」「なる早で」と人を急かす際によく使う言い回しです。それに対し sooner は、「もう少し早く」とやや控えめな言い方になるため、ASAP ほどの早さにはなりません。「なる早で」と急かす時は、ASAP を使いましょう。

🖊 例文・和訳

A: **Please do it ASAP.**
（なる早でやってください）
B: **I'll start now.**
（今始めます）

my は、いる？

「家に帰りました」と言おうとして

I returned **my** home. だと

「私は家を返しました」に！

 正しくは

I returned home.

 ポイント

return home で「家に帰る」ですが、この home は名詞ではなく
「家に」という副詞のため、I returned home. は「家に帰りまし
た」。一方、return my home の home は名詞の「家」なので、
I returned my home. だと「私は家を返しました」なんて意味に
なってしまいます。

📝 例文・和訳

A: **What did you do after the game?**
   （試合の後、何をした？）
B: **I returned home.**
   （家に帰ったよ）

my name と
me names

「**彼が私の名前を呼んだの**」と言おうとして

He called **me names.** だと

「**彼は私の悪口を言ったの**」に!

✅ 正しくは

He called **my name.**

👍 ポイント

ご存じない方が多いでしょうが、**name** の複数形 **names** には「悪口」という意味があります。そのため、**call someone names** で「悪口を言う」。「…の名前を呼ぶ」なら **call someone's name** です。

✏️ 例文・和訳

A: **He called my name.**
（彼が私の名前を呼んだの）

B: **That's great!**
（よかったね!）

now は、いる？

「**やったね！**」とほめようとして

You really did it **now**! だと

「**とうとうやっちゃったね！（あ〜あ）**」に！

✅ 正しくは

You really did it!

👆 ポイント

You (really) did it! で「あなたはそれをやった！」→「やったね！」
「よくやった！」と、ほめ言葉として使われる定番表現になります。
しかし最後に now をつけると「ついに」「とうとう」という残念なニュ
アンスがプラスされるので、「とうとうやっちゃったね！（あ〜あ）」
という一言に。ガッカリさを出すなら now を入れましょう。

✏️ 例文・和訳

A: I finished the puzzle!
　（パズルを終わらせた！）
B: You really did it!
　（やったね！）

unbelievable と hard to believe

「そんなのは信じられません」と言おうとして

That's **unbelievable**. だと

「それは信じられないほどスゴい」に！

That's **hard to believe**.

👍 ポイント

どちらも「信じられない」を表す言葉ですが、**hard to believe** は「信じることが難しい」、**unbelievable** は「信じられないほどスゴい」となります。「信じられない」と否定するなら **hard to believe** を、「信 じ ら れ な い ほ ど ス ゴ い」とほめるなら **unbelievable** を使いましょう。

✒️ 例文・和訳

A: She said her house has 15 rooms.
（彼女の家には 15 部屋もあるって言ってたよ）

B: That's hard to believe.
（そんなのは信じられないね）

183

love only と only like

「**きみだけが好きだよ**」と言おうとして

I **only like** you. だと

「**きみのことは好きなだけだ（愛してはいない）**」に！

✅正しくは

I **love only** you.

👆 ポイント

only は「…だけ」と限定したい語の前に置きます。そのため only you なら「きみだけ」ですが、only like だと「好きなだけ」。 I only like you. と言うと「きみのことは好きなだけだ」→「愛して はいない」なんてニュアンスに取られてしまうので要注意です！

✏️ 例文・和訳

A: **You talk to Sara a lot ...**
   （サラにたくさん話しかけるわね…）
B: **I love only you.**
   （きみだけが好きだよ）

take tomorrow off と take off tomorrow

「**明日、お休みしたいんですが**」と言おうとして

I'd like to **take off tomorrow**. だと

「**明日、出発したいんですが**」に!

✅ 正しくは

I'd like to **take tomorrow off**.

 ポイント

take off には「休む」「出発する」などの意味があり、**I'd like to take tomorrow off.** なら「明日、休みたいんですが」です。しかし **I'd like to take off tomorrow.** の語順だと「明日、take off したいんですが」→「明日、出発したいんですが」と、まったく異なる意味になってしまいます。

🖊 例文・和訳

A: I'd like to take tomorrow off.
(明日、お休みしたいんですが)
B: Sure. Get some rest.
(いいよ。ゆっくり休んで)

Conclusion

　ほんの少し言い間違えただけで、思わぬ意味になる英語の数々を、お楽しみいただけたでしょうか？

　来日40年になる私が、これまで出会った数々の「言い間違い英語」のストックから、面白いもののみを厳選してご紹介しました。

　みなさんは、英語を勉強するのは好きですか？

　おそらく「勉強するのは嫌い」という人が多いと思います。

　しかしそんな人でも、「お笑い」なら好きでしょう。

　そう、笑いながら「英語感覚」を身につけてもらいたくて、私はこの本を書いたのです。

　chicken なら「鶏肉」ですが、**a chicken** なら「1羽の生きたニワトリ」です。

　はたまた **the umbrella** なら「その傘」ですが、**an umbrella** なら「どれでもいい1本の傘」になるなんて、なかなか学校の授業では習わないと思います。

　私たちネイティブも、そういうことは学校では習っていません。日常的に使うことで、感覚的に身につけました。

　そんな「お勉強ではない、楽しい英語の身につけ方」のひとつとして、「笑いながら英語がわかるように」と書いたのが本書です。

　英語の文法を覚えるのは大変ですが、笑い話なら知らず知らず

のうちに覚えてしまうはず。

「この本に書かれたネタをモノにする＝英文法をマスターする」ですから、楽しく読むだけで、いつの間にか英語の達人になっているはずです。

　最後に本当のことを言うと、実際は１単語くらい間違えても、そうそう誤解されませんから、ご安心ください。

　会話では状況がものを言いますから、ちょっと言い間違えても「ああ、本当はこう言いたいんだな」とわかってもらえるものです。

　私も日本でこれまでに、数え切れないほどの赤っ恥をかきましたが、みなさん優しく微笑み、理解してくれました。

　ですからみなさんも、間違いを恐れず、とにかく英語を口にしてください。

　失敗することで、人間は成長します。間違えた時、相手が怪訝な顔をしたり、こちらの予想とは違う反応をした時が、学ぶチャンスなのです。

「間違ってもいいなら何でもいいや」とか「相手がヘンな顔してたけどまぁいいか」、「間違ったけどそのまま」では、同じ間違いを繰り返すだけです。

　せっかくの機会を逃すことになって、英会話の上達はおぼつかないし、トラブルや誤解のもとにもなりかねません。

　失敗を繰り返すうちに正しい英語が身につき、いつかは「こんな言い間違いをしちゃってね…」なんてジョークにできたら完璧です。

　さぁ、笑いながら英語の達人になりましょう！

デイビッド・セイン

青春新書
INTELLIGENCE

こころ涌き立つ「知」の冒険

いまを生きる

"青春新書"は昭和三一年に――若い日に常にあなたの心の友として、その糧となり実になる多様な知恵が、生きる指標として勇気と力になり、すぐに役立つ――をモットーに創刊された。

そして昭和三八年、新しい時代の気運の中で、新書"プレイブックス"にその役目のバトンを渡した。「人生を自由自在に活動する」のキャッチコピーのもと――すべてのうっ積を吹きとばし、自由闊達な活動力を培養し、勇気と自信を生み出す最も楽しいシリーズ――となった。

いまや、私たちはバブル経済崩壊後の混沌とした価値観のただ中にいる。その価値観は常に未曾有の変貌を見せ、社会は少子高齢化し、地球規模の環境問題等は解決の兆しを見せない。私たちはあらゆる不安と懐疑に対峙している。

本シリーズ"青春新書インテリジェンス"はまさに、この時代の欲求によってプレイブックスから分化・刊行された。それは即ち、「心の中に自らの青春の輝きを失わない旺盛な知力、活力への欲求」に他ならない。応えるべきキャッチコピーは「こころ涌き立つ「知」の冒険」である。

予測のつかない時代にあって、一人ひとりの足元を照らし出すシリーズでありたいと願う。青春出版社は本年創業五〇周年を迎えた。これはひとえに長年に亘る多くの読者の熱いご支持の賜物である。社員一同深く感謝し、より一層世の中に希望と勇気の明るい光を放つ書籍を出版すべく、鋭意志すものである。

平成一七年　　　　　　　　　　　　　　　刊行者　小澤源太郎

著者紹介
デイビッド・セイン〈David Thayne〉

米国生まれ。証券会社勤務後に来日。日本での35年を越える英語指導の実績をいかし、英語学習書、教材、Webコンテンツの制作を手掛ける。累計400万部を超える著書を刊行、多くがベストセラーとなっている。AtoZ English（www.atozenglish.jp）主宰。

えいかい わ
英会話
い
言わなきゃよかった
たんご
この単語

青春新書
INTELLIGENCE

2021年1月15日　第1刷

著　者　　デイビッド・セイン

発行者　　小澤源太郎

責任編集　株式会社プライム涌光

電話　編集部　03(3203)2850

発行所　東京都新宿区若松町12番1号　株式会社青春出版社
〒162-0056

電話　営業部　03(3207)1916　　振替番号　00190-7-98602

印刷・中央精版印刷　　製本・ナショナル製本
ISBN978-4-413-04608-4
©David Thayne 2021 Printed in Japan

お願い　ページわりの関係からここでは一部の既刊本しか掲載してありません。折り込みの出版案内もご参考にご覧ください。

こころ涌き立つ「知」の冒険！

青春新書 INTELLIGENCE

こころ涌き立つ「知」の冒険!

青春新書
INTELLIGENCE

お願い ページわりの関係からここでは一部の既刊本しか掲載してありません。折り込みの出版案内もご参考にご覧ください。